Capa: Detalhe da "Cruz do grão-mestre do Templo", representada na íntegra na página 46. *Guardas:* Ilustração extraída do xale de seda, presente do sr. Antonin Gadal à sra. Catharose de Petri. Nela se vê uma pomba branca com asas abertas sobre um fundo azul-celeste: "A Pomba do Paracleto".

Ilustração da página 1: Monograma do Cristo, formado por *Chrismon-Resch* (as letras gregas X e P, (Qui e Rô), referem-se respectivamente a Cristo e a Deus Filho), associadas a A e Ω que correspondem ao ◠ e ◡, segundo as palavras do Apocalipse 22:13: "Eu sou o Alfa e o Ômega, o princípio e o fim". O monograma de Cristo está inscrito no círculo da eternidade.

Antonin Gadal

O triunfo da Gnosis universal

Pentagrama
publicações

2017

Título original: De Triomf van de Universele Gnosis, 2004
Traduzido do espanhol: El Triunfo de la Gnosis Universal, 1ª edição, 2006 e revisado de acordo com as edições francesa e holandesa
Tradução: José de Jesus
Revisão: Maria Dulce Eddé de Oliveira, Marcus Vinicius Mesquita de Sousa, Márcia R. de Matos Moraes, Mariluce M. de Deus Vieira e Antônio Cândido Gonzalez
Diagramação: Fábio de Jesus Delfino
Ilustrações: páginas 8 e 63 Johfra
página 46 e detalhe na capa Diana Vandenberg
página 166 Rachel Ritman-Kleingeld
Fotografia: guardas, páginas 8, 46, 63 e 166 Silverhands, Amsterdam

Dados Internacionais de Catalogação na Publicação (CIP)
(Câmara Brasileira do Livro, SP, Brasil)

Gadal, Antonin, 1877-1962.
O triunfo da Gnosis universal / Antonin Gadal ; [tradução José de Jesus]. -- Jarinu, SP : Pentagrama Publicações, 2017.

Título original: De Triomf van de Universele Gnosis
ISBN 978-85-67992-18-1

1. Gnosticismo 2. Jesus Cristo - Interpretações gnósticas 3. Rosacrucianismo I. Título.

15-07605 CDD-299.932

Índices para catálogo sistemático:
1. Gnosticismo : Religião 299.932

Este livro foi composto em Minion Pro e a capa em Adobe Garamond Pro (Robert Slimbach)
Impressão em Pólen Bold 90g/m²: Hawaii Gráfica e Editora

Impresso no Brasil – 2017 – Pentagrama Publicações

Pentagrama Publicações – Caixa Postal 39 – 13240-000 Jarinu, SP, Brasil
www.pentagrama.org.br
livros@pentagrama.org.br

Sumário

A Tríplice Aliança da Luz, 1957

À Gnosis universal

Ó do Amor Fraternidade,
coração de Deus,
cuidarás de tudo
que aflige a nós.
Com teus áureos raios da alma,
compaixão nos dás,
qual eterna bênção
sempre está a descer.

Com o nosso ser aberto
e voltado a ti,
nós no templo estamos
ante a luz do Graal.
Verte a taça da água viva
bênçãos sobre quem,
grato a ti, profere
santo nome teu.

O divino filho nasce
do materno ser.
No fulgor de Ísis
a canção soou.
Ao Amor – Osíris – Ísis,
gratidão cantai;
que em seu manto áureo
nos envolve em Luz.

Jan van Rijckenborgh

Introdução

Joost R. Ritman

A religião do Espírito consolador e purificador, tão antiga quanto a dor e o mal dos quais ela quer curar as feridas, remonta aos primeiros dias do mundo. Antes de Cristo, do qual foi como a aurora, ela projetou seus raios sobre os brâmanes da Índia, os magos da Pérsia, os essênios da Judeia; sobre os gregos, em Pitágoras e Platão. Depois de Cristo, assim como para todos os gnósticos – Valentino e Basílides, o Alexandrino, foram grandes gnósticos – é de Platão que ela procede, pelo pensamento, e de Pitágoras, pela sabedoria do coração, resguardando no Oriente do Alto sua flama virgem: flama celeste em uma lâmpada grega. De inspiração alexandrina, a pura religião do Espírito distingue-se do neoplatonismo por rejeitar todas as mitologias, as tradições órficas, homéricas, olimpianas, e por sua ligação com Cristo mediante João! Gnóstica, ela se separa das outras correntes gnósticas por rejeitar os éons, Abraxas, os diagramas e os números cabalísticos. Como impulso de Cristo, anterior ao cristianismo de Niceia de 325, ela não aceita nem os livros judaicos, nem os evangelhos judaizantes, nem os símbolos da Igreja imperial instituída por Constantino, nem as pompas pagãs da teocracia romana. Ela se desprende do tronco cristão pelo ramo-mãe de João e forma um verdadeiro cristianismo pelo dogma gerador do Paracleto.

Antonin Gadal

Mestre do tempo, servidor da eternidade

Cronos é o mestre do tempo, o servidor da eternidade; o criador da medida, do número e do peso; quem separa o dia da noite, a luz das trevas e o eterno ciclo dos nascimentos e das mortes. Por isso, Cronos simboliza também o retorno: a renovação e o renascimento. O poder de Cronos entra em atividade como lei de ordenação assim que é emitido o Verbo criador, o Logos que se manifesta como a Luz que brilha nas trevas.

É o *Fiat Lux*, a força criadora espiritual fundamental, no coração da história da Gnosis hermética cristã, gnosis que tem sua origem há dois mil anos em Alexandria, nas margens do Mediterrâneo. Assim como Atenas é "a cidade da razão" e Jerusalém "a cidade da fé", Alexandria, denominada com justiça "a cidade da Gnosis", constitui o leito no qual a gnosis pré-cristã do Egito de Osíris, Ísis e Hórus tornou-se poderosa corrente de sabedoria que abriu caminho no seio das comunidades gregas, judaicas, egípcias e cristãs; sábios que registraram a plenitude de sua iniciação no tempo, nos textos herméticos, gnósticos, judaicos, cristãos e caldeus que pudemos receber como herança da Gnosis universal.

A história da Gnosis conheceu numerosos momentos de triunfo, mas também de intensa tragédia; momentos de nascimento pleno de alegria e de promessa gnóstica, mas também episódios de violentos combates, perseguições, destruições, crucificações e de fogueiras para as testemunhas da verdade vivente; desprezo e perseguição para os portadores da chama gnóstica, por sua palavra vivente, pelos escritos e testemunhos vivos que eles deixaram atrás de si.
Uma antiga sentença diz: "A Luz retorna sempre aos lugares onde ela nasceu". Este livro, *O triunfo da Gnosis universal*, empenha-se em descrever o retorno, o renascimento da Gnosis, que ligamos a uma profecia cátara, feita por ocasião do total aniquilamento da Fraternidade cátara da Idade Média, no castelo de Montségur, no dia 16 de março de 1244: "Mas, após setecentos anos, o loureiro reverdecerá...".
Sob a luz dessa profecia falaremos do ano de 1944, essa virada do século XX, como de um novo renascimento da Gnosis, ano que precedeu a divulgação dos manuscritos herméticos, gnósticos cristãos de uma antiga biblioteca descoberta em Nag Hammadi no Alto Egito em 1945.

A Gnosis conheceu pontos culminantes que balizaram a evolução dos ponteiros de Cronos, que marcam as horas no grande relógio do mundo: nascimento da Gnosis sob o impulso de Cristo no início da era cristã e seu renascimento na Idade Média cristã, diretamente ligada aos profetas do impulso hermético, Hermes Trismegisto e seu *Asclépio*, à Gnosis cristã e seus arautos, Valentino e Basílides, e aos numerosos testemunhos dos gnósticos, dentre os quais o *Apócrifo de João*, encontrado igualmente nos escritos de Nag Hammadi. Os grandes sábios da Idade Média estavam, portanto, perfeitamente a par da tradição pré-cristã, hermética, gnóstica, platônica e neoplatônica. Esse renascimento da Gnosis na Idade Média foi confirmado no ano de 1167, por ocasião do colóquio em Saint-Félix de Caraman, no qual o enviado do patriarca de Constantinopla, Nicetas, a nobreza reinante e o sacerdócio cátaro, que eram forças dirigentes da Occitânia, buscaram e aprofundaram seus fundamentos comuns. O resultado devia conduzir ao crescimento e ao desenvolvimento posterior do cristianismo gnóstico cátaro, destinado a conquistar e a impulsionar a Europa daquele tempo. Representante autônomo do patriarca de Constantinopla e portador do selo dos mistérios das "Sete Igrejas da Ásia", Nicetas foi a força propulsora de um novo impulso gnóstico. Coincy-Saint Palais escreve em seu livro *Donjons et castels au pays des cathares* (Torres e castelos na região dos cátaros), p. 210-2:

> Como os cátaros pirenaicos acreditavam, por tradição, serem descendentes da Igreja joanina do Oriente, após o inquietante concílio de Lombers, Olivier de Penne, chefe dos *bonshommes*, como já os chamavam, enviou uma mensagem ao patriarca de Constantinopla com um pedido para ser autorizado a juntar-se a eles. Quando recebeu a solicitação dos cátaros pirenaicos, o patriarca de Constantinopla confiou a missão a seu principal acólito, seu fiel Nicetas, homem de grande reputação, conhecido como organizador e diplomata.
>
> Tendo atravessado os Alpes, a caminho para a capital da Occitânia, Nicetas aproveitou para inspecionar as colônias cátaras, muito numerosas, situadas às margens do Danúbio, no litoral do Adriático e nas planícies da Lombardia, que escaparam nessa época aos horríveis tratamentos dos occitanos; na alvorada do ano de 1167, ano esse em que Hugues de Saint-Pierre foi condenado à fogueira de Vézelay.
>
> Sem dúvida muito bem aconselhado pelo alto sacerdócio cátaro, ele escolheu para um sínodo um local a apenas cinco léguas de Toulouse, de acesso fácil, cujas muralhas garantiam que não haveria surpresas e podiam conter em seu interior uma grande audiência. Essa assembleia tinha caráter universal, diríamos hoje "internacional"; foi em maio de 1167. Nicetas avançou em direção às muralhas de Saint-Félix, seguido de brilhante escolta, formada não somente de senhores e personalidades pirenaicas, dignitários do alto sacerdócio cátaro, mas também de delegações de cátaros vindas de bem longe, como as da Península Ibérica, da Armórica, da Borgonha, sem contar todos os orientais que Nicetas convidara para acompanhá-lo.
>
> Como Nicetas havia passado quase um ano nessa região para avaliar, visitar, interrogar, estudar e planejar, ele presidiu um sínodo de alcance significativo, pois sua meta era estabelecer uma Igreja cátara universal, mas independente, aprovada por todas as personalidades de destaque da Grécia, da Dalmácia, da Bulgária e da Ásia Menor. Além disso, ele tinha a especial missão de fazer a Occitânia aceitar o ritual joanino oriental sob a forma litúrgica das Igrejas da Ásia.
>
> No rochedo da gruta chamada *Grand-Père*, em Ussat, encontramos gravado o símbolo das Sete Igrejas de São João: Éfeso, sua morada, hoje tristes ruínas; Esmirna, na Anatólia, ainda brilhante; Sardes, na Lídia, irreconhecível; Laodiceia, ainda chamada "cidade das flores"; Tiatira, na Lídia; e Filadélfia também, que hoje se reduziu à aldeia de Alacheur;

por fim, Pérgamo, na Mísia, antigo reino cuja biblioteca se igualava à de Alexandria. Nicetas estabeleceu três pontos importantes:

1. Ele estabeleceu a hierarquia sacerdotal cátara e consagrou três patriarcas: Ramon de Ramondi, primaz da Aquitânia; Robert de Spérone, bispo da França; Marco, que teve sob sua custódia a região lombarda e transalpina. Cada um deles tinha doze bispos, entre os quais o bispo de Carcassone, Gérard Mercier; o de Albi, Sicard Cellerier; para o Val d'Aran, Ramon de Cazalis. E quando perguntaram a Nicetas quais eram os costumes das Igrejas primitivas da Ásia, ele respondeu claramente: "As Igrejas delimitam-se mutuamente, nenhuma contesta a outra, e assim vivem em paz; deveis tão somente fazer o mesmo!"
2. Por sua inteligência, seu espírito flexível, sua cultura, seu ascetismo, sua ciência, ele havia conquistado a nobreza occitana, e, sob suas mãos, muitos barões e cavaleiros ofereceram seus filhos ao Paracleto, entre os quais os Belissen, os Foix, os Mirepoix e os Castres.
3. Ele soubera atrair a simpatia dos trovadores, mas nisso havia um motivo secreto, e não resta dúvida alguma de que certos iniciados de Constantinopla sabiam falar a linguagem *clus*,[1] e ocupavam-se diplomaticamente em espalhar certas notícias; em todo caso, dois iniciados, Guilhem e Guillabert de Bonvillars, foram os auxiliares de Nicetas em Saint-Félix, e personalidades ilustres, entretanto bem diferentes, como Marcabrun e Arnaud d'Aniel, também o conheceram; o primeiro vituperava contra a sociedade de seu tempo em termos violentos, manejando sátiras e invectivas, enquanto o segundo, que desempenhou papel considerável na evolução da poesia occitana, era um homem de letras. Dante o tinha em alta conta, e Petrarca acreditava que ele honrava grandemente seu país.

Nicetas foi o único julgado digno de ter vontade e autoridade suficientes para impor uma séria organização ao catarismo pirenaico, já renomado por seu espírito de independência. Ele soubera fundar, apesar de estrangeiro, uma imensa organização relativa à hierarquia, liturgia, culto e circunscrições de dioceses; ele havia nomeado a diocese de Toulouse sucursal de sua grande metrópole do Oriente, que tinha como sede central Constantinopla; além disso, havia conseguido fazer a fé cátara admitir um dualismo integral. Ele permaneceu pouco mais de um ano na Occitânia, recebeu à mesa todas as personalidades, não esqueceu de convidar para ágapes o povo, que o chamava de "pai", deu o beijo da paz a todos os seus colegas do sacerdócio cátaro e retornou ao Oriente em 1168.

---

1. A linguagem velada dos trovadores (N.T.).

Montségur

Dirijamos agora a atenção para um dos lugares sagrados da Europa, o castelo de Montségur. Foi com base em indicações muito minuciosas que dizem respeito a seu papel como foco central do trabalho espiritual da Fraternidade cátara e por ordem do alto sacerdócio cátaro e dos membros da nobreza occitana que, em 1204, Raymond de Mirepoix edificou o castelo. Uma das pessoas que inspiraram o estabelecimento desse centro espiritual foi Esclarmonde de Foix, princesa cátara, que nesse mesmo ano de 1204 recebeu, em Fanjeaux, o *consolamentum* do bispo cátaro Guilhabert de Castres.

Montségur, lugar abençoado dos fiéis e discípulos da Fraternidade dos "puros em Espírito" que ofereceram e derramaram o sangue de seu coração. Montségur que, desde 1233, tornou-se objeto de ódio, de inimizade e de ira crescente, alvo a ser destruído pelos exércitos da Inquisição, sob a ordem do Papa Inocêncio III. Este último invocou o auxílio da "cruzada contra os albigenses", cruzada que encontrou em Simon de Montfort seu impiedoso chefe. Montségur, farol da Gnosis cristã, que no mais profundo da noite dos tempos e na força do sol espiritual Vulcano se tornou o foco espiritual de uma revolta mundial "cristocêntrica", de um trabalho mundial de edificação da Igreja do Amor, na força espiritual dos paladinos do Paracleto. Montségur, onde, no dia 16 de março de 1244, duzentos e cinco cátaros fizeram a derradeira oferenda mediante sua morte voluntária na fogueira. *Lux lucet in tenebris* – a Luz brilha nas trevas.

Florescimento da Gnosis hermética

A perpetuação da Gnosis hermética, em especial no resplandecente florescimento da Renascença no século XV, em Florença, a cidade dos neoplatônicos e do hermetismo, com sua Academia platônica, é de interesse crucial na história da Gnosis no Ocidente. Marsílio Ficino, o *divinus interpres* – o divino intérprete –, tornou-se, em 1453, o grande inspirador de um círculo de eminentes escritores, poetas, pintores, escultores e arquitetos. Graças a seu zelo apaixonado, numerosos textos gregos apareceram em latim, como o *Corpus Hermeticum,* de Hermes Trismegisto, a obra completa de Platão, as *Eneidas,* de Plotino, a sabedoria de Zoroastro, Orfeu, os oráculos caldeus, e sua obra maior, *De religione christiana,* uma reflexão contemporânea sobre o cristianismo.

Em 1439, por ordem dos representantes da Igreja Católica de Roma e da Igreja Ortodoxa grega de Constantinopla, aconteceram, em Ferrara e em Florença, dois concílios em que se buscou novamente os fundamentos do cristianismo católico romano e ortodoxo grego. A questão central era saber como a rica tradição da Igreja cristã de Constantinopla poderia ligar-se a um clero romano que visivelmente aspirava por uma renovação. Durante esses concílios, sobre os fundamentos de considerações anteriores, como foi anteriormente o caso entre a Igreja cátara e a Igreja ortodoxa grega, discutiu-se sobre os frutos da herança espiritual pré-cristã. Assim, com os olhos voltados para a renovação e a concordância das Igrejas cristãs de Roma e Constantinopla, tentou-se confrontar os escritos de Platão, de Hermes Trismegisto e de Zoroastro, de filósofos como Plotino, Jâmblico e Boécio e dos pais da Igreja como Jerônimo, Clemente de Alexandria, Orígenes, Agostinho, Tertuliano e Irineu e outras tradições.

Entre as personalidades vindas de Constantinopla, um séquito de quinhentas autoridades espirituais e temporais, encontrava-se o Cardeal Bessarion. Ele era um dos pioneiros espirituais, defensor do pensamento platônico e hermético. Ele já havia publicado, em 1465, em Roma, uma apologia de Platão, *In calumniatorum Platonis libri quatuor*, sobre a qual manteve uma correspondência com Marsílio Ficino. Após a queda de Bizâncio, em 1468, ele estabeleceu-se definitivamente na Itália e, em idade já avançada, ofereceu à cidade de Veneza sua famosa biblioteca de mais de mil escritos gregos. Além de numerosos textos herméticos, neoplatônicos e do cristianismo primitivo, sua coleção incluía um códex do século XIV do *Corpus Hermeticum*, o mais antigo exemplar conhecido até hoje. Esses textos gregos completos, desconhecidos até então, puderam, assim, ser traduzidos em latim, publicados e revelados à sociedade ocidental da época.

Os três anos do abrasamento do fogo espiritual

1944 Revelação da profecia: "Após setecentos anos, o loureiro reverdecerá!"

1945 Descoberta da biblioteca de Nag Hammadi, no Alto Egito, com seus testemunhos antigos da Gnosis hermética e cristã.

1946 Nascimento e retorno, criação de uma nova comunidade de almas, como um novo elo da antiga Corrente universal da Tríplice Aliança da Luz: Graal, Cátaros e Cruz com Rosas.

1944 Revelação da profecia: "Após setecentos anos, o loureiro reverdecerá!"

Falamos de Cronos como o mestre do tempo e podemos falar de Vulcano, a força oculta do sol, o fogo fundamental, o "fogo-raiz", no qual a gênese dos tempos encontra sua fonte. Muito foi escrito sobre o mistério do Todo-Único, que em si e fora de si é a Causa que realiza e abarca todas as coisas; o Deus Desconhecido, o Todo-Único que permanece em si mesmo o Incognoscível. Uma plenitude espiritual que se revela como o próprio Espírito, que plana sobre as águas do primeiro começo, a força dos Mistérios, designada como *Fiat Lux* – que haja Luz – um começo original "cristocêntrico", primeira aurora da criação.

É por isso que Cronos, que vela sobre o espaço e o tempo, é sempre servidor da eternidade. Ele representa uma realidade espiritual que não se deixa limitar pelas leis espaço-temporais do ontem, hoje e amanhã, do passado, presente e futuro. Nos domínios onde reina Cronos, podemos perceber o pulsar do coração de uma plenitude eterna, ao mesmo tempo ritmo, alento e vida do próprio Espírito. É por isso que as leis atravessam o tempo e o espaço e somente são conhecidas e aplicadas por uma Ordem espiritual cujos representantes se apresentam como servidores, irmãos e irmãs da Corrente Universal de Fraternidades de todos os tempos.

Dessa santa Fraternidade, manifestada no período pré-cristão como a Ordem de Melquisedeque – da qual Jesus Cristo é o sumo sacerdote – emana uma atividade livre do espaço-tempo, que determina o destino final da existência humana. É na sucessão espiritual que encontramos os que carregam o mandato e cujos atos, fé e obras testemunham sua adesão a essa Ordem. Eles manifestam, portanto, uma força espiritual de transformação que descortina um novo dia no desenvolvimento da Fraternidade da Vida para a humanidade, nela e com ela. Assim, eles se apresentam como sacerdotes e guardiães do grande segredo que jaz no fundamento da vida e cumprem a missão de elevar o mistério do devir e da geração humana à realização do devir e da regeneração espirituais: a descida no tempo e no espaço da "cratera" divina, da qual fala Hermes, e a elevação do homem à realidade espiritual pelo mistério do Santo Graal.

Com a revelação da profecia "Após setecentos anos, o loureiro reverdecerá", que em 1244 se elevou como "a pomba do Paracleto" acima da fogueira de Montségur, esses misteriosos processos voltaram a pôr-se em movimento no dia 16 de março de 1944, no seio do espaço-tempo, como o pulsar do coração da eternidade, como a aurora de um novo dia. Foi o patriarca da Fraternidade precedente dos cátaros, Antonin Gadal, que utilizou seu mandato espiritual, na linha ininterrupta da sucessão espiritual, para reacender a flama apagada de Montségur no mesmo lugar onde duzentos e cinco homens e mulheres, irmãos e irmãs, a fina flor e a coroa espiritual da Fraternidade cátara, deram, no dia 16 de março de 1244, sua vida *para Cristo – com Cristo – em Cristo*.Foi a hora de um novo nascimento para a Tríplice Aliança da Luz, Graal – Cátaros – Cruz com Rosas. A chama do fogo incorruptível foi reacesa na aurora de um novo começo mágico, na virada do século XX: o nascimento da jovem Gnosis, o *triunfo* da Gnosis universal, o sinal do retorno dos filhos da Luz. Na força do antigo tronco da Árvore da Vida, a mesa do altar da Gnosis foi novamente preparada para seus filhos, a Gnosis do Amor, para que seja celebrado o mistério do Pão e do Vinho da Ordem de Melquisedeque, o mistério do Santo Graal. Sábio foi o patriarca, que mostrou assim sua grandeza em sua humildade, o patriarca da Tríplice Aliança da Luz, Galaad, o guardião do Santo Graal!

1945 Descoberta da Biblioteca da Nag Hammadi, no Alto Egito, com seus testemunhos antigos da Gnosis cristã e hermética

Às margens do Nilo, em Nag Hammadi, Muhammad Ali, um camponês do Alto Egito, ocupado em remexer o solo fértil ao longo de um conjunto rochoso de grutas, bateu com sua pá numa ânfora de terracota, trazendo assim à luz um verdadeiro tesouro escondido nos campos do tempo. Esse choque tornou-se ao mesmo tempo a pulsação do eterno coração da incorruptibilidade nos domínios do espaço-tempo. Cronos mostrou mais uma vez sua dupla função: eternidade e tempo, fundidos em Um na força cristalina de um momento histórico. A Biblioteca de Nag Hammadi foi devolvida ao tempo; sua descoberta e seu rico conteúdo foram registrados como um sinal de Deus, uma baliza espiritual na história da humanidade.

No desenvolvimento da Gnosis, distinguimos os três primeiros séculos da era cristã como um verdadeiro impulso de Cristo. Cristo não é uma pessoa, mas a força universal do Espírito que, em sua essência e raio de ação, dá expressão ao Deus Único e Universal na criação. Hermes Trismegisto o explica da seguinte forma: "Deus é uma esfera infinita, cujo centro está em toda parte e o limite em lugar nenhum". Deus, fonte original; Deus, devir universal e eterno.

No interior do círculo da linhagem espiritual, os grandes iniciados – como Hermes Trismegisto, Moisés, Pitágoras, Zoroastro, Platão, Jesus de Nazaré, Apolônio de Tiana, Mani e Valentino – consignaram para a posteridade, na criação de suas escolas de mistérios, pela palavra e por escrito, sua poderosa inspiração e seu conhecimento como Gnosis universal. Designamos esses testemunhos por um só termo: "o impulso de Cristo". Por seus escritos, confiados ao seio do tempo, o impulso original gnóstico, hermético e cristão dos três primeiros séculos de nossa era, concentrado na Biblioteca de Nag Hammadi, mais uma vez enriqueceu amplamente a sociedade atual ofertando-lhe suas raízes e sua força de evolução espiritual. A força do *Fiat Lux* manifesta-se de forma tríplice:

1. *cristocêntrica*, como essência original espiritual, cuja força de manifestação engendra o começo e o perfazimento de toda a criação.

2. *heliocêntrica,* como o sopro animador do Todo que impele à vida, ao crescimento, à mudança e ao devir consciente todas as ondas de vida, onde quer que apareçam no Universo. Em um movimento eterno, essa força engendra todos os desenvolvimentos. Ela é também a força determinante do mistério da metamorfose da consciência humana, denominada na filosofia cátara: Formação – Reformação – Transformação.

3. *geocêntrica,* como a terra enquanto campo de manifestação cósmico no qual um desenvolvimento se inicia, da instabilidade à imutabilidade – até a onipresença. Esse campo geocêntrico, regaço da eternidade – a Terra-Mãe –, é o misterioso ponto de partida da evolução quádrupla das formas vitais: minerais – vegetais – animais – humanas, nas quais se exprimem quatro forças de vida: física – vital – sensorial – pensante. A vida do homem coloca-o numa corrente de experiências que o conduzem, em um processo ininterrupto de desenvolvimento da consciência, do conhecimento ao autoconhecimento, à Gnosis, o conhecimento do Todo. Hermes Trismegisto o resume assim: "Quem conhece a si mesmo, conhece o Todo".

Não podemos separar a descoberta da Biblioteca de Nag Hammadi da revelação da herança espiritual da Fraternidade gnóstica dos cátaros na Idade Média, o que o gnóstico Antonin Gadal elucidou sempre em suas conferências. Ele soube explicar de forma inimitável a tradição gnóstica dos últimos dois mil anos pela força de sua divisa *Lux lucet in tenebris.* Também, com relação à maior descoberta do século XX concernente a tradição cristã hermética e gnóstica, é com grande alegria no coração que o patriarca pôde armazenar a colheita de seu trabalho de pioneiro. Com o Evangelho da Verdade, de Valentino; a "Carta a Reginos, sobre a ressurreição"; o Evangelho de Tomé; os fragmentos de textos herméticos, dentre os quais os do *Corpus Hermeticum* e o "Relato sobre a oitava e a nona esferas", o conteúdo dessa biblioteca, a quintessência de uma coletânea de textos misteriosos, confirma, no mundo contemporâneo, que a força da Gnosis é indestrutível e aguarda, incólume, o momento fixado por Deus de seu retorno em meio aos homens.

1946 Nascimento e retorno, criação de uma nova comunidade de almas, como um novo elo da antiga Corrente universal da Tríplice Aliança da Luz: Graal, Cátaros e Cruz com Rosas

O caminho da humanidade das almas, a marcha eterna da alma vivente do transitório ao imutável, do perecível ao imperecível, foi descrita pela Fraternidade cátara do seguinte modo:

> Formação - Reformação - Transformação
> Lagarta - Crisálida - Borboleta
> Homem mortal - Transmutação da alma - Alma-Luz incorruptível.

O mistério do homem como microcosmo, como pequeno mundo, *minutus mundus*, permanece central tanto para os Grandes em Espírito como para as escolas iniciáticas que eles criaram, segundo sua missão, em uma corrente ininterrupta. No decorrer da longa evolução do homem sobre esta terra, como um ser egocêntrico - geocêntrico, poderíamos dizer -, a vida e o desenvolvimento da consciência ocupam o primeiro lugar: conhecimento deste mundo, de sua eterna impermanência e de suas fronteiras temporais.

Na região onde viveu a Fraternidade cátara na Idade Média, a tão poderosa Occitânia, que se estendia do sul da França até o norte da Espanha, encontramos o vale do Ariège com seu vasto sistema de grutas. Descobrimos ali sinais da presença humana sob a forma de objetos que remontam a dezenas de milhares de anos e inscrições rupestres entre as mais antigas da Europa. Guardião dos elevados testemunhos do Espírito, guardião do Altíssimo, escondido no fundo da Occitânia, região onde floresceram as artes, as ciências e a religião, o Sabarthez, com sua divisa *Custos Summorum*, pode assim se atribuir com honra a denominação de "berço da humanidade".

Em dado momento, no decorrer da longa evolução do homem sobre a terra, as fronteiras do espaço-tempo abrem-se ao olho interior, à janela da alma, e o enigma da existência cambiante e corruptível é substituído pela maravilha de uma vida imutável e incorruptível. É o nascimento da alma imortal, a alma-luz que entrou no caminho da eternidade. Espaço e tempo deslizam então no infinito da própria criação. O firmamento infinito, o zodíaco terrestre com seu círculo de doze signos zodiacais e sete planetas, encontra sua origem no princípio heliocêntrico que remete ao princípio cristocêntrico do eterno devir. Assim, em seu desenvolvimento na terra, o homem está, enquanto microcosmo, enquanto alma vivente e consciente, diante do princípio cristocêntrico da própria vida espiritual. A fórmula vital, a sétupla chave do nascimento - vida - crescimento - mudança e renascimento, encontra, então, sua apoteose na consciência da onipresença, o encontro com o Todo-Único. Ou, como

Hermes Trismegisto exprime em um supremo êxtase espiritual: "Senhor, eu te vejo!" É desse homem elevado acima de sua prisão material que Hermes dá testemunho: "Deus é um homem imortal, o homem é um deus mortal".

As leis imutáveis que levam o homem a esse destino exprimem-se no testemunho dos portadores de Luz como a realidade da Gnosis universal, que o patriarca Antonin Gadal denomina "a religião do Espírito consolador e purificador". A causa é a fonte original de toda vida – a necessidade é levar a seu pleno desabrochar a essência ativa, a seiva da árvore da vida. É um desenvolvimento gnóstico que se exprime em Consolação, Amor e Graça nos que representam a Fraternidade da Vida e estão investidos de seu mandato.

A misteriosa manifestação da eternidade no tempo aparece novamente no ano de 1946 no coração da velha região cátara, no Jardim das Rosas de Albi, pela chegada de J. van Rijckenborgh e Catharose de Petri, guias espirituais da jovem Fraternidade gnóstica, a Escola Espiritual da Rosacruz Áurea.

Na força espiritual de Nicetas – o representante do patriarca de Constantinopla que, naquele tempo, em 1167, no decorrer do colóquio de Saint-Félix de Caraman, ligou o "selo dos mistérios das Sete Igrejas da Ásia" ao novo elo da antiga Corrente da única e universal Igreja do Espírito, a Fraternidade dos cátaros – os guias espirituais da jovem Fraternidade puderam, em 1946, vislumbrar o triunfo e o retorno da Gnosis universal como uma tarefa que devia realizar-se neste novo período da humanidade. No Jardim das Rosas de Albi, lugar histórico, tomou forma um desenvolvimento gnóstico contemporâneo que religaria o mundo ocidental às raízes originais de seu passado. Não foi sem razão que nesse mesmo ano apareceu o primeiro livro de J. van Rijckenborgh, cujo título era *Dei Gloria Intacta, o mistério iniciático cristão da sagrada Rosacruz para a nova era.*

Os portadores da Luz, os pioneiros espirituais de um novo tempo, nas pessoas de Antonin Gadal, J. van Rijckenborgh e Catharose de Petri, puderam selar uma nova aliança, na força do Santo Graal, o amor da pura fraternidade cristã dos cátaros e uma nova manifestação da sabedoria gnóstica, a da Fraternidade da Rosa-Cruz. Essa nova aliança é designada como "a Tríplice Aliança da Luz"!

Este livro, *O Triunfo da Gnosis universal*, descreve a recepção, a revelação e a interpretação do testamento espiritual da Ordem central da Corrente universal de Fraternidades que colocou sua pedra angular em Cristo, a força espiritual da realidade absoluta.

Com a idade de dezesseis anos, em 16 de março de 1957, em resposta à minha carta de 10 de março, recebi do patriarca da Fraternidade cátara, Antonin Gadal, uma carta endereçada a "seu jovem irmão", que trazia por escrito a confirmação de minha ligação especial com a Fraternidade dos cátaros, e pude assim reviver interiormente esse misterioso momento do salvamento do "tesouro dos cátaros" na noite de 15 de março de 1244. Na sucessão das leis de Cronos, que ligam mutuamente tempo e eternidade, no decorrer dos cinco anos que precederam o falecimento do senhor Gadal, ocorrido em 14 de junho de 1962 – ele tinha então oitenta e cinco anos –, foi-me dado adquirir, por meio de numerosas cartas, encontros pessoais e visitas aos lugares sagrados do Sabarthez, uma compreensão profunda da extensão e da grandeza espiritual da Fraternidade gnóstica cátara.
Pelo abrasamento da força mágica da inextinguível flama, nasceu então uma força espiritual que, desde esse instante, formou a base de minha vida espiritual interior. O recebimento da herança clássica, a guarda dos atributos espirituais na força do mistério do Santo Graal, tornou-se a essência vital, a seiva de um trabalho espiritual que se manifestou pela primeira vez para mim em 16 de março de 1957. Esse dia marcou, então, em especial, o impulso que conduziu à criação da câmara de tesouros dos portadores de Luz, a *Bibliotheca Philosophica Hermetica*, como testemunho da flama eterna.

Com a publicação deste livro, cumpro também uma antiga promessa feita à senhora Catharose de Petri, grã-mestra da Escola Espiritual da Rosacruz Áurea. Ela transmitiu a mim abundante documentação, com a tarefa de esclarecer e tornar conhecida em círculos maiores a aliança entre os guias espirituais – Jan van Rijckenborgh, Catharose de Petri e Antonin Gadal – a realização da Tríplice Aliança da Luz, Graal, Cátaros e Cruz com Rosas. Sobre sua ligação pessoal com a Tríplice Aliança da Luz, em 1962 ela explicou o que segue:

> Em meu vigésimo oitavo ano, em 1930, estabeleceu-se para mim a ligação com a Escola Espiritual da Rosacruz Áurea. Desde esse momento, tornei-me consciente do alvo de minha vida e do trabalho que se apresentava a mim. Um enviado divino me apareceu depois de numerosas reflexões religiosas e filosóficas; ele veio, como de uma abóbada azulada, na forma de uma pomba iluminada, branca, etérea, símbolo do Espírito Santo, e me fez saber interiormente que a Rosa-Cruz, como Escola Espiritual, devia, com a força do Espírito, tornar-se conhecida de todos os que aspiravam à libertação da alma. Desde então, muitas coisas me foram manifestadas, cujos frutos apareceram, nesse ínterim, na Escola Espiritual da jovem Fraternidade gnóstica. Sem haver pedido e sem ter falado com ele anteriormente, recebi então a

confirmação de minha missão divina das mãos do senhor Antonin Gadal em Ussat-les-Bains. O senhor Gadal é, aos oitenta e cinco anos, o velho patriarca, guardião dos antigos santuários, as grutas, da assim denominada "Montagne Sacrée", na região do Ariège, na França. Com efeito, essas antigas grutas serviram de santuários na Idade Média, e mais tarde de refúgios para a Fraternidade cátara da época. Após o segundo encontro com o patriarca – o primeiro ocorreu em setembro de 1954, em companhia do senhor Jan van Rijckenborgh e de uns trinta alunos – ele me presenteou, como sinal de reconhecimento e de estima, com um tecido de seda desenhado por ele mesmo, tendo como motivo uma pomba branca com as asas abertas, num espaço azul. Vocês podem compreender qual foi minha surpresa, mas igualmente minha alegria interior! Pouco tempo depois recebi, igualmente das mãos do patriarca, uma pomba esculpida em madeira, a réplica exata da que vemos na abóbada da gruta de Belém, o santuário iniciático mais interior da antiga Fraternidade em Ornolac.

Com a publicação de *O Triunfo da Gnosis universal*, quase cinquenta anos após o primeiro encontro com o patriarca em 1955, na casa de meus pais na rua Bloemgracht em Amsterdã, a resposta derradeira é finalmente dada ao primeiro manuscrito "A pomba do Paracleto", que, aos dezesseis anos, em 1957, pude receber de meu irmão maior Antonin Gadal, o fiel Galaad; esse texto foi inserido no prólogo deste livro. É também a revelação de uma profecia que ele me confiou em 1961, durante nosso último encontro em Ussat-Ornolac em presença de minha mulher Rachel e de minha filha Mirjam, que ele chamou de filha do Sabarthez.

No ano de 2004, no início de um novo milênio, posso exprimir a confirmação de que o sangue do coração, derramado como semente vivente do trabalho pioneiro dos fundadores da obra gnóstica, produziu mil vezes seus frutos.
A antiga mensagem da Fraternidade da Vida ressoou: "Deus é Amor". Que essa força de vida possa demonstrar-se como força de luz, como o triunfo ininterrupto da Gnosis universal, eis meu desejo mais íntimo!

Joost R. Ritman
Fundador da Bibliotheca Philosophica Hermetica

Montségur 1204-2004 *Amsterdã, 16 de março de 2004*

Parte I

A Fraternidade do Amor

Prólogo

O castelo de Montségur

A pomba do Paracleto

Antonin Gadal

Então, viandante, sê prudente!
Sabe que, quando tiveres atravessado a porta
da Catedral, tu te tornarás verdadeiramente homem,
o que está ligado tanto ao céu como à terra.
Sabe que tu dispões de um instrumento mágico
e que as notas que tocarás no teu teclado mental
encontrarão um eco supranatural
do qual tu mesmo não ouvirás as ressonâncias,
pois serão captadas pelos ouvidos atentos
de um passado tão misterioso quanto será o futuro.
Talvez não o soubesses.
Nós todos o havíamos esquecido.
Mas agora tu sabes:
Então, viandante, sê prudente![2]

Hoje é domingo, dia de Ramos, glorioso aniversário do domingo 9 de Nisan 33! Um sopro de alegria passou, desde cedo eu o senti, em todo o velho Sabarthez; a "Catedral" e as "Igrejas" tomaram um ar de festa. Os sinos dos vilarejos das redondezas, a altiva Castella de Tarascon, a antiga capital dos taruscos, deixam ressoar aos quatro cantos do céu o tilintar argênteo de seus sinos. É o Domingo de Ramos!
É festa na região toda. As crianças preparam os ramos de buxo, de louro, de alecrim, que, depois da bênção, levam triunfalmente para casa. As pétalas das flores dos pessegueiros, caídas em quantidade esta noite, cobrem o solo com um tapete bicolor a nenhum outro igual. Hosana!

"Hosana! Bendito seja aquele que vem em nome do Senhor!"
"A hora chegou em que o Filho do homem deve ser glorificado!"
"Hosana!"
Eu colhi em Belém meu ramo de terebinto...
Hosana!

2. Anônimo, *A Catedral.*

Os sinos tinem com toda força e por todo lugar. Esses alegres carrilhões tornam suave e agradável o caminho para a gruta de Lombrives, "a Catedral dos cátaros albigenses". Tanto que meus pensamentos se voltam obstinadamente para o sábado 8 e o domingo 9 de Nisan 33, e seguem as felizes peripécias:

"Jesus veio a Betânia, onde estava Lázaro, que ele havia ressuscitado dos mortos... Ali lhe preparam uma refeição, e Marta servia. Lázaro era um dos que estavam à mesa com ele."

"Então Maria, pegando uma libra de perfume de nardo puro de grande valor, ungiu os pés de Jesus e os enxugou com seus cabelos; e a casa foi preenchida com o aroma desse perfume."

"Uma grande multidão soube que Jesus estava lá e veio, não somente por causa dele, mas também para ver Lázaro, que ele havia ressuscitado dos mortos."

E o dia seguinte, domingo, o magnífico Domingo de Ramos:

"Uma grande multidão vinda para a festa, tendo sabido que Jesus viria a Jerusalém, pegou ramos de palmas e saiu diante dele clamando: Hosana, bendito seja aquele que vem em nome do Senhor, o rei de Israel." (Jo 12:1–4; 9:12–14)

Jesus, Lázaro, Marta, Maria, João... E eis que chego, sem me dar conta, à gruta de Lombrives, a bela Catedral. Ela está hoje mais bela do que nunca: imaginem pois, o Domingo de Ramos! As gotas de água tinem alegremente ao cair nas estalagmites; as estalactites cintilam com forte brilho. A "Mulher enforcada", uma formação de estalagmites com a forma de uma mulher, vestiu seu mais imaculado manto... o ar está suave e perfuma como incenso... Também é festa para a grandiosa Catedral! Hosana! Bendito seja...

Mas que estranho... Pareceu-me ouvir murmúrios imperceptíveis... Pensei sentir em meu rosto minúsculas ondas de ar, como um suave zéfiro, somente deslocamentos de sombras... Ruído? Talvez minha amiga coruja... ? Não! Talvez mamãe morcego e seus dois filhotinhos tenham vindo dizer-me bom-dia, como de costume, enquanto papai morcego, o preguiçoso, continua a dormir, pendurado perto da "Mulher enforcada"? Não, também não!

Não vejo nada! No entanto...

Eu me encontro, quase sem perceber, na entrada da Catedral, na passagem rebaixada. Eu me inclino, me curvo diante do Altíssimo antes de entrar em seu santuário, tal como o valoroso Loup de Foix penetrando em seu Oratório... Mas... Oh! Que estranho! Que efeito produz em mim hoje a imensa Catedral! Não posso explicar os sentimentos que dominam meus sentidos! São meus ouvidos que produzem sons misteriosos e inexplicáveis? Os olhos não estarão me enganando ao "envolver-me" com uma claridade jamais percebida, bela, penetrante, terna?

Suavemente, muito suavemente, ouço chamar-me uma voz conhecida, desaparecida há muito tempo... Eu me volto rapidamente, e olho de todos os lados. Não, não vejo nada! No entanto, adivinho, sinto que já não estou sozinho. E novamente, ternamente, meu nome é pronunciado pela mesma voz que reconheço melhor ainda, se possível...

— Oh! Mestre... Caro Mestre!

— Sim, sou eu! Eu te aguardava! Sabia que neste dia bem-aventurado tu não esquecerias de vir aqui, por Cristo, pelos mártires. Tu irás assistir comigo a festa de Ramos em nossa bela Catedral de Lombrives. Escuta, olha! Sobretudo, não te espantes de nada!

Evocação... Como produzida por magníficas harpas eólicas, uma suave música celeste parece descer lá de cima, da abóbada perdida na imensidão da sala. Ao mesmo tempo, a claridade aumenta, fazendo sobressair maravilhosamente todos os detalhes do "Balcão" e das "Escadas".

De repente, aparece-me um rochedo vertiginoso, coroado por um castelo fortificado que reconheço perfeitamente. Montségur!

— Sim, Montségur... !

— Olha, uma longa corda desenrolada no vazio!

— Sim, uma corda...

— Amiel Aicard desce primeiro!

— Sim, Amiel Aicard, sucessor do bispo cátaro En Marti...

— Um, dois, três... atrás dele. Eles salvam os segredos relativos à Comunidade e também os tesouros sagrados... Lá está Pons Arnaud de Castelverdun, que aguarda os "puros", salvadores desses tesouros... Eles desceram... Eles chegam perto dele... Eles partem todos pelo "caminho dos cátaros", em direção à Catedral de Lombrives e Belém de Ornolac... Os tesouros sagrados serão salvos...

— E bem colocados em segurança... Olha!

Em volta do castelo, os soldados, os cruzados, formam uma cerca inviolável. Os chefes estão agrupados diante da porta, aguardando a saída dos vencidos. A porta do castelo abre-se de repente.

Um cavaleiro sai, seguido à distância por dois servos e por várias mulas carregadas: primeiro grupo, os menos interessantes de todos... Pierre Roger de Mirepoix, chefe de Montségur, tu abandonas família, parentes, amigos... Partes com teu engenheiro, teu médico, tuas mulas carregadas de ouro e prata, bens acumulados na Fortaleza. Levas o resto do tesouro material... Foge, portanto, Pierre Roger de Mirepoix, e não olhes para trás... Foge! Teu coração de bronze não merece ver a auréola grandiosa do mártir! Foge...

Sem uma palavra, com um olhar de desprezo, os cruzados deixam passar a caravana que desaparece nos meandros da trilha que se evade para o castelo de Montgrenier, ou Montgaillard, feudo do conde de Foix, a quatro quilômetros do castelo condal.
Então, com nobreza e tranquilidade, outro grupo sai de Montségur. Encabeçando-o, Ramon de Perelha, o herói da resistência. Depois dele, Guiraut de Rabat, seu genro, Jordan, Philippa, Alpaïs, Braïda, seus filhos; Bertrand, seu irmão; Pons Sicre d'Illat e outros ainda...
Terceiro grupo: Béranger de Lavelanet, com Arnauld, Lombarda, Bernarda, seus filhos; seu genro, Imbert de Salas, e alguns outros...
Um quarto grupo: Arnauld Roger de Mirepoix, com sua mulher, sua filha, sua irmã, suas sobrinhas e sobrinhos e alguns seguidores. Olha entre esses grupos: Pierre de Lera de Mirepoix, Arnauld de Miglos, Pierre de Garrabet, filho de Bérangère e trovador na corte de Foix; depois, Guilhelm de Léonart, Guilhelm d'Arvigna... Rabat, Miglos, Garrabet, Larnat... nomes queridos no Sabarthez, tu o sabes!
Eis os "bonshommes"... ! A longa teoria dos duzentos e cinco cátaros, encerrados na fortaleza, os "puros" na frente, os "perfeitos" depois deles, saíam de Montségur. Bertrand d'En Marti, o patriarca, encabeçou o glorioso séquito que conduziu tranquilamente ao lugar do suplício. Nenhum renegou seu passado! Nem um só recuou diante da fogueira!
Eu os via passar, um a um, descer com cuidado a trilha, felizes "de um bom fim", alegres com o pensamento de sua próxima ascensão pelo "caminho das Estrelas", e fiéis "discípulos de Cristo", encantados de dar a vida para a glorificação de seu divino Mestre. Suprema meta de sua dura e longa iniciação!
Eis agora Rissenda de Teilh, abadessa de Salengues, a bela Esclarmonde de Pérelha entre sua mãe Corba e sua avó Marquésia de Lantar; Guilhelma, mulher de Amiel Aicard, aquele que o patriarca En Marti enviara para pôr em lugar seguro o tesouro sagrado; Ermengarda de Ussat, a filha das Igrejas de Ornolac; finalmente todos os santos da fortaleza... 205 ao todo, perfeitas e puros!
O cortejo, lentamente, continuou seu caminho para chegar a um campo situado na base do pico rochoso, chamado desde então "Champ des Crémats", literalmente o campo dos queimados.
— Oh! Mestre, como é triste!
— Olha, continua olhando...
O grupo é parado pelos soldados da cruzada que o rodeiam como um círculo de ferro. Enquanto os chefes tomam lugar sobre um montículo para supervisionar os preparativos da fogueira, homens trazem ramos de buxo, de junco, de giesta, de aveleira, de faia, feixes, troncos, árvores inteiras... uma montanha de madeira elevou-se em pouco tempo.

Meu coração fica apertado; uma intensa emoção me invade. De repente, a chama brota do meio dessa monstruosa fogueira. Vejo um braço que o chefe da cruzada eleva acima do grupo sacerdotal e apenas ouço vagamente as palavras que ele dirige a En Marti, o venerável patriarca do catarismo pirenaico. Um canto triste, porém melodioso, eleva-se do grupo. Então, enquanto o fogo se expande por toda a fogueira, de repente, como respondendo a um sinal...

— Oh! Horrível espetáculo!

Quase ao mesmo tempo, puros e perfeitas se jogam nas chamas... Que horror! Meus olhos se fecham involuntariamente. Em meio ao crepitar dos galhos queimados, ouve-se o *Veni Spiritus* - Vem Espírito Santo - entoado pelo arcebispo de Narbonne, um dos chefes dos cruzados...

De repente uma pomba, a pomba branca do Paracleto, eleva-se do meio da fogueira, voa lentamente em direção ao castelo, faz a volta dele, segue por um momento "o caminho dos cátaros" em direção às grutas do Sabarthez; depois vai como uma flecha em direção ao Leste...

Sua missão terminou.

E a bela Catedral, na qual eu me encontrava, foi preenchida por um arco-íris; nunca havia visto um tão belo. Enquanto, do centro desse arco-íris celeste, uma voz não menos celeste se elevou: "Pai perdoa-lhes, eles não sabem o que fazem..."!

— Até logo...

— Mestre... Oh, Mestre!

A escuridão e o silêncio caíram sobre Lombrives. A Catedral havia retomado sua calma impressionante.

A profecia

Montségur[3]

Ó santo refúgio de nossos guerreiros,
Esclarmonde te construiu bem no alto, perto do céu.
Ó Thabor dos faidits,[4] *cavaleiros e trovadores,*
tua quilha permanece assentada em altivo rochedo.

De nossa glória de Oc, ó glorioso sepulcro,
de teus muros escorreu o sangue de nossos pais,
e hoje em ruínas, viúvo de teu "crânio",
da alma do Midi,[5] *carregas o luto nos ares.*

Mas, após setecentos anos, o loureiro reverdece
sobre as cinzas dos mártires; e o obscuro esquecimento
estendeu seu manto sobre tantos casos felizes!

Mostra que sobre teu cimo, sempre elevado, sempre altivo,
pareces dizer ao tempo, ao trovão, ao inverno:
"Meu rochedo é eterno; toca-o, se ousas!"

Uma profecia verdadeira sempre se cumpre. O profeta, com efeito, lê no Livro da Natureza, projeta no futuro que já está oculto no presente.

16 de março de 1244. Os "últimos" cátaros são queimados ao pé de Montségur. Um trovador, testemunha do acontecimento, proclamará a profecia: "Após setecentos anos o loureiro reverdecerá!" A vestimenta material da Tríplice Aliança da Luz, Graal, Cátaros e Cruz com Rosas, é deposta. Todavia, um número esconde um segredo. Uma força, uma atividade luminosa. Setecentos anos mais tarde, em 16 de março de 1944, o

3. Tradução de um poema de H. Teulié, 1893.
4. Nobres cavaleiros despojados de suas posses.
5. Sul da França.

patriarca da Fraternidade dos Cátaros, Antonin Gadal, desata a profecia do trovador no vale do Ariège, em presença de sete pessoas.

> Na alvorada ainda incerta de uma manhã de inverno, sete homens sobem lentamente ao lugar sagrado. Sete séculos, dia após dia, passaram desde os primeiros clarões de 16 de março de 1244, que iluminaram a longa fila dos cátaros prometidos à fogueira, cuja silhueta é sempre vislumbrada, um pouco mais abaixo, ao pé do castelo. Apesar das dificuldades do momento,[6] esses homens, os occitanos, dão aqui uma prova radiante da quase imortalidade das pátrias carnais e de suas místicas.
>
> Joseph Delteil, o espeleólogo, evoca com emoção a subida silenciosa: "Éramos sete aquela manhã. Coincidência? Eu não creio, pois lembro bem de que o senhor Gadal pediu-me para juntar-me ao grupo a fim de alcançar precisamente o número simbólico. Assim, nós nos encontramos no castelo de Montségur com a intenção de nos recolher no lugar do último sacrifício.[7]"

E, efetivamente, o loureiro, símbolo dos mistérios cristãos, começou a reverdecer... Antonin Gadal o confirmou com a seguinte declaração:

As pedras de Montségur encontram-se sobre a montanha, mas suas ideias se espalharam, assim como suas cinzas e suas centelhas, sobre o Universo inteiro! O catarismo, como *Igreja do Espírito*, ressuscitará? Um crítico corajoso sustentou há algum tempo que o catolicismo, o papado, está solapado em seu fundamento, e igualmente o protestantismo está minado em seu fundamento, a Bíblia. Poderíamos ver o catarismo, o cristianismo vivo, rejuvenescido e radiante, elevar-se no princípio imortal do Amor? Veremos uma obscura teocracia e uma teologia anárquica substituídas por uma sabedoria transcendente, celeste, divina?

Das alturas do Vaticano, Pedro só apascenta, sobre as ruinas da Idade Média, os povos errantes do sul. Paulo vê, após trezentos anos, as raças saxônicas que vivem nas regiões do norte da Europa e da América espalharem-se nas praias e arquipélagos dos oceanos. João de Patmos virá ainda? Ele se elevará dos desertos do Oriente com sua tiara judaica e seu manto platônico? Dirá ele aos povos, com sua leal franqueza e eterna juventude: "Meus filhos, vós vos amais uns aos outros?" E esse apóstolo tão amado, que se curvou sobre o peito de Jesus e hauriu desse divino coração suas visões celestes, fará florescer

6. Em 1944, Montségur foi invadido e interditado pelas tropas alemãs de ocupação.
7. Alain Hubert Bonnal, *Montségur et son approche*, Cos-Ariège, p. 1.

nos últimos dias o cristianismo mais puro, do mesmo modo que ele trouxe para a eternidade a mais maravilhosa, a mais brilhante luz de Cristo?

No último capítulo do Evangelho joanino, Jesus prediz a Pedro que ele será todo amarrado e levado cativo, ele que sempre sonhava com o "Império de Universo", e parece ao mesmo tempo anunciar ao "Filho do Trovão", a João, que ele sobreviverá a todos os apóstolos, reunirá todas as nações e entregará o gênero humano a Cristo, sentado nas nuvens do céu.

Seja o que for essa declaração, o catarismo reviverá! Mas não com sua forma medieval. O albigeísmo apagou-se com todos os seus contemporâneos: a cavalaria romana, a poesia dos trovadores e a civilização heroica e refinada do século XIII. Mas o futuro do mundo é evidentemente do Amor, do Consolador. João será o último! Pedro abusou muito da espada e das chaves; Paulo igualmente abusou da espada e das armas do Espírito. Mas João não pode abusar do Amor! João reconciliará Caifás e Paulo de Tarso; João ficará por último porque repousou sua fronte no coração de Jesus e porque permaneceu, o único dos apóstolos, imóvel e aos prantos, ao pé da cruz de seu Senhor.

A última palavra é do Amor, assim na terra como no céu!

O Jardim das Rosas de Albi

O Jardim das Rosas de Albi

J. van Rijckenborgh e Catharose de Petri

Quando partimos em direção a Albi, no ano de 1946, dessa cidade só conhecíamos o nome, nada mais. Tínhamos um objetivo secreto: retomar o fio da Fraternidade precedente, a Fraternidade transfigurística, conhecida como a Fraternidade dos albigenses. Esse nome tinha evidentemente um significado e, por essa razão, devíamos ir até Albi, embora parecesse, após pesquisarmos, que outros lugares do sul da França talvez fossem muito mais propícios.

No entanto, saímos em direção a Albi, via Toulouse, como impelidos por uma voz interior. Assim que lá chegamos de trem, tivemos a sensação de estar em terreno conhecido, e fomos diretamente para nosso objetivo: um antigo edifício, situado à direita da grande catedral, ao longo da margem elevada do Tarn. Era um antigo casarão, convertido agora em museu municipal, encostado a um jardim de rosas, outrora palácio episcopal e anteriormente lugar de reunião de antigos cátaros.

No interior, sentimo-nos em casa e imediatamente nos dirigimos a uma pérgula construída numa galeria pavimentada e elevada que dominava o jardim. E lá onde o terraço se alargava, perto de um pequeno pavilhão, sentamo-nos sobre um pequeno muro. Estávamos sentados ali há algum tempo quando a quietude, a paz e a graça desses tempos antigos desceram sobre nós, e ambos vimos, pela janela aberta da alma, o caminho que se estendia diante de nós com todos os seus detalhes.

Jamais havíamos vivenciado um instante tão sagrado!

É por essa razão que o "Jardim das Rosas" de Albi é para nós um lugar sagrado, do qual gostamos de falar o menos possível. Ele está na origem da criação e do desenvolvimento da Escola de Consciência Superior. Tomamos então nas mãos o grande mistério da Gnosis e, a partir desse momento, foi-nos permitido desvelar muitas dessas coisas ocultas.

Agora, vocês, jovens alunos, estão preparados para visitar o Jardim das Rosas; esse é um de vossos objetivos. E evidentemente sois, por assim dizer, nossos representantes, e agora esperamos muito que vos seja concedido cumprir essa tarefa devidamente.

Em seguida, dirigimo-nos para o sul, para o castelo de Foix, a fim de dar continuidade a nossos preparativos. Também visitareis esse lugar. Também ireis a

Montségur, o lugar mais romântico dos antigos cátaros. Aguardaremos curiosos para ouvir, quando regressardes, as impressões de vossa visita. De qualquer forma, se, da maneira correta, iniciardes, prosseguirdes e realizardes essa viagem, ela poderá ser muito útil para o futuro da Escola. E é por essa razão que vos pedimos: vigiai para manter a unidade de grupo, permanecei todos fiéis ao que convencionamos, sede muito conscientes. Então, e não poderia ser de outra forma, essa viagem será muito benéfica.

O encontro

J.C. Karres

O candidato, com frequência impelido de forma inexplicável a buscar o sentido da vida, geralmente não tem consciência do que de fato busca. Durante séculos, apenas a uma minoria foi concedido seguir esse impulso de busca. Comecemos pela pergunta: Por que o homem busca? Em circunstâncias materiais difíceis, a sede de sobrevivência é – e era – quase sempre a origem de uma busca por alimento a fim de aplacar a fome e por água para saciar a sede. Com esse comportamento, o homem absolutamente não se distingue do animal. Em geral, a busca para satisfazer essas primeiras necessidades vitais, essenciais à sobrevivência, explica-se pelo instinto de conservação.
Portanto, o homem possui em si, desde o nascimento, o impulso para uma busca. O que não significa que ele forçosamente possua a aptidão para uma busca mais profunda, que vá mais além do saciar a fome e a sede.

O homem atual, o homem moderno, perdeu muitas de suas capacidades e dons originais. Ainda que Deus, a fonte original de toda vida, seja invocado nos dias atuais, Ele não é conhecido "em primeira mão". Essa perda se explica pelo ciclo degenerativo em que o homem está aprisionado há séculos. Para permitir ao homem escapar desta "armadilha", desta cova ou poço, em cujo fundo ele se debate, Deus estendeu-lhe a mão a fim de socorrê-lo. Sobre isso, Hermes Trismegisto diz de forma muito poética: "Ele enviou para baixo uma grande cratera cheia de forças do Espírito e um mensageiro para anunciar aos corações dos homens a tarefa: 'Mergulhai nesta cratera, vós almas que podeis fazê-lo'."

Um candidato, um buscador, não é somente impelido a buscar, mas ele também é guiado. Cabe fazer agora uma advertência clara acerca deste tema. O fato de ser guiado, de ter encontrado eventualmente um sistema, um caminho que conduz à libertação para fora do poço, não é isento de compromissos. Todas as escolas de sabedoria do mundo sempre fizeram menção a um "preço" como condição de admissão. Hermes Trismegisto diz a propósito disso: "Deus quis que a ligação com o Espírito estivesse ao alcance de todas as almas, como prêmio da corrida".

Tudo tem seu preço! As palavras do irmão Z.W. Leene, expressas com vigor no final de sua vida, são um forte exemplo disso:

Quereis servir à humanidade?
Elevai em vossa vida
Bondade – Verdade – Justiça!
Mas, amigos, já sabeis o preço?
O preço ultrapassa a totalidade de
vossos bens materiais.

Na Bíblia, encontramos em vários capítulos o exemplo do jovem rico que tanto desejava seguir a Jesus, o Senhor, mas que não estava disposto a pagar "o preço". O jovem rico é o candidato que desde a infância se pergunta: "Para que vivo? De onde venho? Para onde vou?" Essas questões fundamentais são geralmente a força motriz que impele o homem à busca de uma consciência maior, superior.
Voltemos, porém, ao nosso tema: o candidato-buscador. Voltemos em pensamento a este maravilhoso vale do Ariège e concentremo-nos no passado, presente e futuro. O passado nos cerca por todos os lados. Aqui, neste vale, encontramos a herança dos cátaros! Precisamente no centro deste vale ocorreu o encontro com o patriarca da Fraternidade precedente, Antonin Gadal.

Já no ano de 1946, o Jardim das Rosas de Albi representava para a Escola Espiritual da Rosacruz Áurea o ponto de contato com a Fraternidade dos Cátaros. Até a primavera do ano de 1951, as várias viagens empreendidas pela Escola à região cátara não resultaram em um encontro pessoal com os descendentes dos cátaros. Estou ligado à Rosa-Cruz desde a infância, e não é de estranhar que os numerosos serviços, alocuções e livros sobre o catarismo tenham me incitado a explorar por minha própria conta a região cátara. O momento para isso chegou em agosto de 1951. Saí sozinho, a pé pelos caminhos, com minha única bagagem, a minha mochila, nas costas. Busca – nostalgia – desejo, o propósito que guiava meus passos ainda não estava claro. Entretanto, o primeiro objetivo de minha viagem era Albi e seu Jardim das Rosas, jardim de um claustro secular, ao pé da famosa catedral Sainte-Cécile, uma enorme edificação do século XIII. Procurei-o durante um dia inteiro... perguntando a todos que passavam o caminho que levava até lá... mas ninguém o conhecia...
Após uma noite agitada, em meio aos insetos do albergue da juventude em Albi, eu desisti. Continuando meu caminho a pé, em direção a Montségur, voltei-me uma última vez... e percebi ao longe: o Jardim das Rosas!
Fiz meia-volta e finalmente cheguei... exatamente ao meio-dia, hora de fechamento do tão buscado jardim! E tive de esperar sua reabertura às 14h! O que os guardas consideravam um castigo merecido era, para mim, a coroação de meus longos dias de viagem e de busca. Silêncio – e contemplação!

Dois dias depois, de manhã cedo, eu chegava ao pé de Montségur. O castelo não estava visível. Em meio à espessa névoa, tomei a estreita senda e subi até que, de repente, os muros da imensa ruína surgiram das brumas. Os lúgubres gritos dos corvos me acolheram. Uma vez passada a soleira da entrada, reinava o silêncio, um silêncio profundo, impregnado de conhecimento e de reconhecimento! Mais tarde, quando o tempo abriu, revelou-se diante de meus olhos a magnífica paisagem do Tabor, dominado pelo Pico Saint-Barthélemy. Permaneci ali durante horas!

Após haver descido, apanhei minha mochila na granja onde passara a noite e dirigi--me, via Lavelanet, a Ussat-les-Bains, onde cheguei ao entardecer, acompanhado por forte aguaceiro. Próximo da estação, em uma das cabines das termas abandonadas, encontrei abrigo para passar a noite. Com grande surpresa, encontrei três viajantes que haviam decidido dormir ali: duas jovens alemãs de Heidelberg e uma senhora russa mais idosa. Também elas diziam estar em busca do "tesouro dos cátaros". Quando dividíamos nosso pão, fiquei sabendo que no dia seguinte elas teriam um encontro com Antonin Gadal, "o último dos cátaros". Era o dia 4 de agosto de 1951.
Na manhã seguinte, o senhor Gadal recebeu-nos calorosamente em sua casa. Ele nos falou sobre a obra de sua vida: salvaguardar o patrimônio cátaro! Devido a sua idade muito avançada, ele dividiu conosco sua inquietude quanto ao futuro. "Ainda há tanto para fazer", ele não cessava de repetir e... "Quem continuará minha missão quando eu já não estiver aqui?". Ele também expressou sua alegria pelo fato de tanta gente de tão diferentes países ir escutar sua mensagem. Em seguida, propôs visitarmos juntos alguns santuários cátaros. Primeiro ele nos levou para visitar a gruta de Belém, onde falou detalhadamente acerca do caminho de iniciação a serviço da humanidade. Antes que fosse enviado ao mundo – conforme ele dizia – o candidato recebia aqui, nesta mesma gruta, o coroamento de sua iniciação. A tarde foi consagrada à visita da gruta de Lombrives. Também nesse local reinava imenso silêncio! No caminho de volta pelo vale, entabulamos animada conversação durante a qual expliquei ao senhor Gadal o contexto e os motivos de minhas investigações, a saber, minha ligação com a Rosa-Cruz. Isso o deixou bastante interessado. Ele queria saber tudo acerca desse movimento. Evidentemente, citei os nomes dos dirigentes espirituais e falei a respeito de sua vocação. Despedimo-nos como irmãos.
Ao regressar à Holanda, falei bastante a respeito desse encontro com o senhor Leene e a senhora Stok-Huizer, mais conhecidos em nossos dias por seus nomes espirituais Jan van Rijckenborgh e Catharose de Petri. Eles ficaram muito gratos e felizes por esse contato, até então inexistente, entre a Escola Espiritual e o patriarca dos cátaros, o senhor Gadal. Eles compreenderam a importância desse contato material e pessoal para o trabalho futuro, há tanto tempo buscado. A seguir, estabeleceu-se abundante correspondência entre os dirigentes espirituais e o senhor Gadal, que em 1954 culminou em um encontro pessoal.

Está claro que após esse primeiro encontro com o guardião dos santuários cátaros seguiu-se intensa e frutífera colaboração. A *ponte* estava formada. Desde então, essa ponte permite que dezenas de milhares de candidatos prossigam em sua peregrinação. Sinto-me grato por ter sido uma modesta pedra angular dessa ponte.

Gostaríamos ainda de acrescentar a este relato as seguintes reflexões: nós, candidatos, que vivemos no início de um novo milênio, formamos juntos, desde esse primeiro encontro há mais de cinquenta anos, a base dessa ponte. Nossa orientação, perseverança e colaboração constituem a força transportadora dessa ponte, que poderá e deverá sustentar todos os que nos seguirem.

> O "montão do testemunho"... Galaad... A. Gadal.
>
> Monumento erigido na antiga terra cátara,
>
> no coração do vale do Ariège...
>
> Esse monumento é formado por todos nós.
>
> Levemo-lo conosco em nosso coração,
>
> para que em nós a força viva
>
> seja um guia e irradie de nós
>
> como maná - como Pão da Vida -
>
> e a Água Viva do rio de Deus
>
> desalterará todos os sedentos.

Terminamos com esta venerável bênção dos cátaros:

> Que as belas consolações de Belém sejam com todos vós...

Ussat-les-Bains, setembro de 2001

A transmissão da herança espiritual

Herança sagrada da velha Fraternidade,
conservada piedosamente por Galaad,

o fiel guardião do Santo Graal,
Gruta do Grão-mestre,
transmitida ao grão-mestre ☆
Leene – Jan van Rijckenborgh

Para o templo
Para os cátaros

Para os rosa-cruzes
do velho Centro de Ornolac!

A. Gadal

A cruz do grão-mestre

Antonin Gadal

Os quatro rios do Éden nascem da mesma fonte e regam todo o Paraíso, formando o sinal da cruz. Um é Pisom ou Fase, cujo nome significa "luz", e corre sobre a terra de Havilá,[8] ou terra da bênção, depositando nela o ouro da verdade. Do lado oposto está o Eufrates, o rio do cativeiro e do erro. O terceiro rio, o Giom, flui na Etiópia e é oposto ao Tigre, no qual o jovem Tobias encontrou o peixe maravilhoso, símbolo da sabedoria oculta ou da panaceia universal. Os dois últimos rios, o Tigre e o Giom, representam, portanto, a vida e a morte; os dois primeiros, Pisom e Eufrates, simbolizam a verdade e a mentira.

A cruz, o glorioso *stauros* do qual Paulo explica os quatro mistérios: *altitudo, longitudo, sublimitas, profundum,* não é o ponto de encontro de duas linhas, mas sim o ponto de partida de quatro linhas infinitas, eternamente separadas, eternamente unidas por um ponto central que se torna o da imensidão.

A cruz, representada pelos quatro rios do Éden, é também:

1. o antigo TAU dos hebreus,
2. o X de nosso alfabeto,
3. o símbolo do desconhecido na matemática,
4. o Mistério dos mistérios,
5. a Força das forças,
6. a Luz das luzes,
7. a Glória das glórias.

A sétupla escada celeste!

No centro da cruz floresce a rosa mística, a rosa de luz, a flor de vida e amor, cujas pétalas ordenadas representam os coros dos eleitos em sua harmoniosa hierarquia. A rosa que é o símbolo da Grande Obra. Não a quimérica "obra magna" dos fazedores de ouro,

8. Havilá: a antiga Pérsia.

mas sim o remédio universal das almas e dos corpos, a grande Sabedoria. É a rosa que Abraão descreve florescendo branca e vermelha sobre uma haste azul com folhas de ouro. No cálice da rosa, o pelicano simbólico verte seu sangue para saciar sua família, tornando-a imortal. Eis aqui o símbolo dos "Rosa+Cruzes". Os rosa-cruzes e os cátaros eram os filósofos da sublime Sabedoria.

Paz profunda!

Escutem bem, meus amigos, essa cruz do Éden, essa cruz venerável, tinha sido confiada ao aspirante cátaro, aos cátaros e aos templários. E mediante uma união fraternal, o grão-mestre dos templários era o guardião da cruz do Éden. Infelizmente... os templários foram aniquilados; os cátaros foram levados à impotência pelas longas e duras perseguições sofridas... Somente a Rosa-Cruz, apesar do inimigo interessado em sua destruição, pôde evitá-las e reviver.
Não obstante, os templários do Sabarthez, refugiados entre seus vizinhos cátaros, num impulso de profunda piedade, desenharam sobre a rocha sua cruz, que é a nossa cruz; sobre a rocha de uma pequena gruta, elevada sentinela do magnífico grupo montanhoso, o centro de iniciação, o lugar onde o Espírito soprou, onde o Espírito sopra, onde o Espírito sempre soprará!
Guardei essa cruz, esse tesouro inestimável: Galaad era o fiel guardião do Graal, e vocês compreenderão que a cruz do grão-mestre do Templo do Espírito era e é uma peça mestra de nosso Santo Graal.

Não posso entrar em detalhes históricos. Simplesmente direi que eu, o Ancião, o patriarca, o fiel guardião, reconheço, com grande veneração, que nosso grão-mestre não pode ser outro senão nosso venerado mestre reconhecido: sabeis que é o senhor Leene, ou melhor: Jan van Rijckenborgh. Sinto-me feliz por dizer isso hoje, 22 de novembro de 1955, diante de todos vocês.
A ele entrego a custódia de honra de nossa Cruz do Grão-mestre, a antiga e nobre cruz do Éden! Beijo de paz!

Esclar Mundi, Esclarmonde! Luz do mundo! Princesa cátara, inspiradora de Montségur!... A pomba do Paracleto! E eu vos pergunto: quem é "nossa Esclarmonde, *nostra Esclar del Munde*, senão nossa querida senhora Stok? Quem seria mais digno de assistir a nosso grão-mestre?
Esclarmonde, queira receber o beijo da paz do Ancião, que se inclina respeitosamente diante da Senhora!

A respeito da cruz do grão-mestre, Jan van Rijckenborgh deu a seguinte explicação:

Vocês conhecem agora o desenho da cruz do grão-mestre do Templo do Espírito, que se encontra na Montanha Sagrada em Ussat-les-Bains. Nela se vê um barco, representado, como no antigo Egito, por algumas linhas que retratam o barco celeste. Como mastro, ele carrega uma cruz sétupla. Uma poderosa mão segura a cruz erguida, e assim uma impetuosa corrente vertical de força divina pode descer da natureza superior. Cada um dos dois braços da cruz forma uma tri-unidade. Uma é levada e sustentada por uma águia, e a outra, pelo número nove, os grandes símbolos do fogo divino e da força divina. Por esse motivo dizemos que o candidato é impelido na corrente da Onipotência pelo éter de fogo, pelo Espírito Santo, portanto quando esse éter é liberado e pode ser dignamente recebido e empregado por ele. Dessa maneira, o barco celeste é dirigido, com mão firme, para o objetivo único. Pelo vertical, o horizontal. A Onipotência, por Deus mesmo. A libertação pelo éter de fogo!

A Tríplice Aliança da Luz

Graal, Cátaros e Cruz com Rosas

Jan van Rijckenborgh

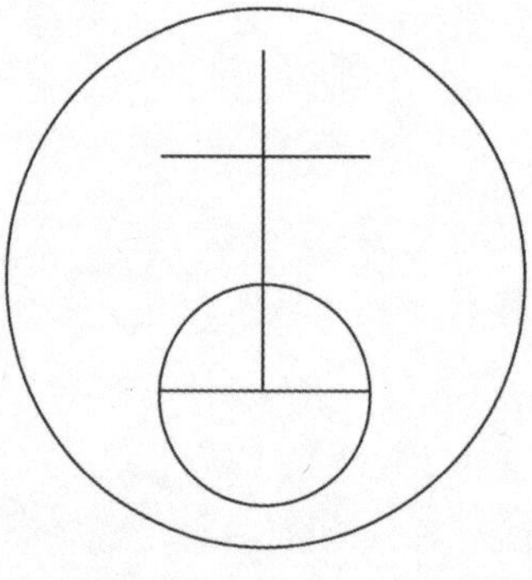

Catharose de Petri

Antonin Gadal

Estes três selos dos mistérios exprimem a nova vivificação das linhas de força da Tríplice Aliança da Luz. Em Catharose de Petri brilha a luz dos cátaros; em Jan van Rijckenborgh a Rosa-Cruz se manifesta; e em Antonin Gadal, o fiel Galaad, o mistério do Graal é perfeitamente salvaguardado.
O "selo do grão-mestre" de Nicetas, "as sete Igrejas da Ásia", torna-se posse do grão-mestre da Rosacruz Áurea. A luz da Fraternidade irradiará com força plena.

A Fraternidade do Santo Graal

Os Cavaleiros da Távola Redonda

Os Irmãos do Templo

Jan van Rijckenborgh

Esses três termos referem-se a uma única e mesma Fraternidade que, ao longo dos séculos, foi e sempre é indicada com um desses nomes, e também com muitos outros. A Fraternidade do Santo Graal é constituída por um grupo muito exclusivo de iniciados e libertos, dentre os quais um número – quarenta e nove – sempre trabalha nos domínios materiais da dialética. Quando uma Fraternidade precedente se eleva totalmente ao sexto domínio cósmico, determinado número desses seres fica para trás, na natureza da morte. Isso significa que seus microcosmos se oferecem voluntariamente ao serviço da humanidade que sofre e ainda busca. Seus microcosmos adotam uma entidade nascida da natureza, na qual a alma liberta sempre se mantém por detrás do servidor, com o objetivo de realizar determinadas tarefas em todos os tempos e circunstâncias. Quando em uma região ou centro habitado da Terra existe a possibilidade de empreender um trabalho gnóstico de libertação "de baixo para cima", dois desses obreiros assumem a direção desse trabalho e atuam como "grão-mestres do Graal", até que o grupo encontre e alcance sua própria mestria.

Por essa razão também descobrimos em cada Fraternidade precedente em desenvolvimento uma atividade dos "irmãos e irmãs do Graal". Por isso fala-se de uma Cavalaria do Templo, que outrora sustentou, tanto quanto lhe foi possível, a Fraternidade Cátara. E é por isso que, até o final de sua manifestação, o grão-mestre dos templários permaneceu ao lado da Fraternidade dos Cátaros e foi também, e por direito, chamado grão-mestre dos cátaros. De fato, ele foi tanto um como outro.

Outro grupo de enviados de Fraternidades precedentes na natureza da morte é constituído pelos assim chamados "patriarcas". Eles são os guardiães, os depositários dos antigos santuários e focos, que, no devido tempo, os transmitem a uma jovem fraternidade. Os patriarcas têm então a tarefa de designar, diante de todo o grupo reunido, os "grão-mestres e grã-mestras" como enviados diretos do Graal, confirmá-los em sua missão pela primeira vez ao mundo exterior e colocar-se, quanto ao aspecto prático e organizatório, sob sua direção. Não porque o patriarca seja menos importante, mas

sim porque os irmãos do Graal são as "testemunhas" que confirmam no tempo e empregam plenamente o que foi conservado para eles no tempo.
Nesta terça-feira, 22 de novembro de 1955, vivemos um dia excepcional na história do desenvolvimento da jovem Fraternidade gnóstica e na história mundial da Gnosis: *a festa da transmissão novamente pôde ser celebrada!*

Até o momento, ficou estabelecido na Escola Espiritual que o corpo-vivo é um campo de trabalho que, desde 1924, foi inteiramente edificado a partir de baixo: iniciado por poucos, seguido por um grupo cada vez maior, esse campo de trabalho concentrou-se cada vez mais até manifestar gradualmente linhas de força sempre mais numerosas e atraiu cada vez mais forças, adquirindo possibilidades sempre crescentes, para finalmente participar do Espírito, manifestando-se no campo da Ressurreição.
Tudo isso está absolutamente correto. Porém, aquilo que devíamos calar até agora era o fato de que, a partir do momento em que a jovem Gnosis passou a participar plenamente da Corrente Universal, quando ela recebeu plenamente a herança da Fraternidade precedente e quando foi confiada aos dois guias da Escola Espiritual moderna a tarefa de grão-mestres, algo mais deve ser-lhe transmitido: o templo clássico de iniciação, conservado como protótipo na Corrente universal. Isso quer dizer: tudo o que pode servir à paz e à liberdade, à manifestação e ao verdadeiro desenvolvimento do homem e o que a experiência revelou como bom no decorrer dos tempos, tudo isso é e permanece como ideia, como ideia segundo o Espírito, e, no que se refere a sua expressão astral, como força no poderoso campo de vida de toda a Corrente universal. Nada disso pode perder-se. Cada Fraternidade subsequente da Corrente, no transcorrer dos tempos, acrescentou, mediante experiência e sofrimento, algo de grande valor a esse imenso tesouro.
Quando uma jovem Gnosis surge da luta dos séculos, como da noite, consegue desenvolver seu corpo-vivo e elevá-lo na luz da nova manhã, um contato magnético desenvolve-se entre a jovem Gnosis, por um lado, e o templo de iniciação da Corrente universal, por outro lado. Então, esse "tesouro dos antigos" desce progressivamente no corpo-vivo do novo elo acrescentado à Corrente, em conformidade com o posterior desenvolvimento da força-luz na jovem Gnosis, até que ambos estejam mútua e perfeitamente concêntricos e formem, assim, uma unidade. A partir desse momento, a inteira Corrente universal, com seu novo elo, estará no mundo, mas já não será do mundo. E tudo o que a inteira Corrente universal é, tudo que ela foi e será, pode então revelar-se a todos os que se mostrarem dignos.

O fio áureo da vida

Catharose de Petri

É para nós grande alegria testemunhar que novamente temos em mãos o fio áureo que une os séculos, o fio áureo da vida que nos liga tão estreitamente com o passado gnóstico. Desde nossa juventude, o senhor Jan van Rijckenborgh e eu víamos luzir diante de nossa consciência o passado gnóstico como fator de ligação necessário para nossa atual missão a serviço da humanidade.

Com frequência, o senhor Gadal afirmava que conhecíamos perfeitamente as criptas subterrâneas do Sabarthez. De fato! E por isso pudemos responder com um sim formal, um sim que era um testemunho. Desde nossa mais tenra infância já permanecíamos, muito conscientemente, em nosso veículo etérico cheio de recordações cármicas, nessas grutas, montanhas e vales da região do Sabarthez, muito próximos do "guardião do Altíssimo". Naquela época, visto que a consciência da personalidade ainda se encontrava bem pouco a serviço do veículo físico, éramos tachados de sonhadores solitários. Contudo, a predestinação nos colocou desde muito jovens diante da necessidade de realizar nesta vida uma tarefa a serviço da humanidade. Disso estávamos perfeitamente conscientes! E nesse estado de ânimo, em 1930, aceitamos a tarefa que a Fraternidade da Rosa-Cruz nos transmitiu, com plena consciência da responsabilidade que essa tarefa implicava. Desde aquele instante, e partindo por assim dizer do zero, erigimos e guiamos a sétupla Escola Espiritual da Rosacruz Áurea e a conduzimos ao que ela é agora.

À medida que o campo de trabalho, e, por conseguinte, o campo de radiação magnética da Escola Espiritual, se ampliava, aspirávamos cada vez mais a encontrar na matéria um ser vivo que servisse de ligação. Muitas vezes, o senhor Jan van Rijckenborgh e eu conversávamos e sabíamos que deveríamos esperar o momento psicológico propício. Ambos sentíamos falta, em nosso ambiente imediato, de um ser possuidor de semelhante orientação e consciente do trabalho da Corrente universal de Fraternidades. No entanto, sabíamos que ele existia em seu corpo físico, um homem que, assim como nós, aspirava intensamente e elevava seus "olhos para os montes" de onde viria o socorro. Um homem que, em sua orientação gnóstica, estivesse também consciente da vida única da alma, vibrante, divina e universal, que concede Luz, Amor e Vida a todos que anseiam por libertar-se da dor e da morte desta natureza.

Sentíamos falta de um contato direto com um amigo que ao mesmo tempo seria o nosso irmão mais velho e que, com base em uma experiência de vida mais rica, nos falaria a respeito da Gnosis antiga, moderna e futura, que, em essência, é sempre a mesma. Ansiávamos encontrar semelhante homem cuja maturidade de alma irradiasse o amor impessoal sobre o mundo e a humanidade. Esperávamos encontrar um ser humano grande em espírito e alma, cuja pré-memória, sabedoria e qualidade de alma garantissem o trabalho da jovem Fraternidade gnóstica.

Esse homem, na pessoa do senhor Antonin Gadal da região do Sabarthez, cruzou nosso caminho. O fio áureo que nos liga ao passado, à fonte universal, ao último elo da Corrente da Fraternidade Universal, promoveu nosso encontro. O fio áureo do passado, do presente e do futuro fez que nossos caminhos se cruzassem nos antigos focos da Corrente da Fraternidade Universal. Esse encontro incorporou a jovem Fraternidade gnóstica à Corrente universal, à Fraternidade precedente da Idade Média, por intermédio do antigo patriarca, o senhor Gadal.
Essas duas correntes vibratórias harmonizadas permitiram à nova arca navegar com força renovada para os campos da alma-espírito! Todas as consequências disso surgirão posteriormente!

Os dois ramos da Gnosis

Antonin Gadal

Meus filhos bem-amados,

Eu tenho o direito de chamá-los de "filhos", pois a palavra "filhos" é ainda melhor do que irmãos e irmãs. Naturalmente é preciso, para poder utilizar essa palavra, ter idade e, sobretudo, longa experiência de vida.
Estou tocado, profundamente. Venho de longe, de tão longe, que até bem pouco tempo nossa região nem era lembrada, era totalmente desconhecida. Levaria tempo demasiado para contar agora toda a dor, todos os sofrimentos de nossos antepassados, de nossos pais bem-amados que não possuíam neste mundo outro reino a não ser o Império de Amor. "Deus é Amor", diziam. "Deus é Amor", e foi por causa desse brado que foram praticamente aniquilados. A espada, o fogo, a miséria, a prisão, nada lhes foi poupado. Mas... o Espírito estava presente... e o Espírito permaneceu.

Minha terra, o que digo, a terra de todos nós, é um centro do Espírito. Um centro do Espírito é sempre o reino do Deus de Amor. E podemos, em relação a essa palavra, expressar o que queremos: Deus é Amor, ele é Espírito, e o centro do Espírito vive ainda, hoje e sempre!
Na região do Sabarthez existem grutas. Muitos irmãos e irmãs aqui presentes já vieram vê-las e visitá-las, e talvez tenha sido eu quem os guiou; com que alegria, vocês podem imaginar! Isso sempre me toca no mais profundo do ser, ver homens de todos os países virem receber aqui a força que, de forma perfeitamente natural, sempre emana de um centro do Espírito. Cito, por exemplo, as grutas de Lombrives, que foram túmulo, sepulcro humilhante – mas tão glorioso para nós! – de quinhentos cátaros. Um túmulo de infâmia para os que o causaram... mas glorioso para nossos pobres irmãos e irmãs que lá se encontravam e sabiam muito bem que esse túmulo os conduziria diretamente à vitória, a vitória que é o reino de Cristo, do Deus de Amor.
Durante muito tempo busquei um traço dos iniciados, para empregar essa palavra, dos que se haviam dedicado por inteiro ao reino do Espírito, ao Império do Amor. Muitos de vossos próprios antepassados foram outrora expulsos de nossas regiões meridionais e puseram-se a caminho dos Países Baixos. Eles partiram, perseguidos pelo horror da Inquisição, essa mancha indelével que jamais poderá ser apagada do brasão da Igreja. Pois bem, encontrei esse rastro; minha intuição me dizia que essa ligação desaparecida

devia existir. E um belo dia, eles vieram, os mestres, os "grão-mestres" da Rosa-Cruz. Foi um milagre de Deus que os conduziu para meu caminho. E compreendemos que o rastro característico deixado pelos iniciados é, na verdade, a Gnosis, a Gnosis do novo nascimento, que denominamos com justiça: a era de Cristo.

Quem foram os cátaros? Pessoas simples que tinham apenas um objetivo: ofertar sua vida. Ofertar a própria vida é, quando refletimos, algo que ultrapassa a mentalidade comum; com isso me refiro à mentalidade dos que não se dão o trabalho de irromper até a verdadeira compreensão. Ofertar a própria vida é, antes de tudo, o sacrifício da matéria, daquilo que chamamos corpo, a lagarta, por assim dizer. No entanto, isso nada era para um cátaro. O oferecimento da matéria nada significa para um verdadeiro iniciado, pois a matéria nada vale. Não, eles ofereceram sua vida, colocando-a a serviço de seu próximo. A exemplo dos discípulos, eles atravessavam as aldeias, farnel nas costas, sandálias nos pés, vestidos o mais simplesmente possível; pobres aldeias, situadas nos planaltos das montanhas, era para aí que eles se dirigiam!

Eles iam sempre em dupla. E perguntavam: "Há enfermos aqui? Digam-nos então onde moram e iremos... Há homens em aflição? Iremos a eles com as belas consolações de Belém".

Belém quer dizer: transformação. Assim, eles levavam essas grandes consolações às aldeias dos pobres. Os homens lhes diziam: "Ali mora uma pobre viúva que não tem ninguém para trabalhar seu magro campo!" E sua resposta era: "Vamos para lá imediatamente e faremos o trabalho. Dai-nos um ancinho, uma pá, um enxadão ou alguma outra ferramenta e iremos ajudar essa pobre mulher para que ela tenha o que comer". E assim continuaram a vida toda, colocando-se, sem reservas, à disposição de seu próximo.

Havia então sua simples e bela cerimônia. Eles sempre carregavam consigo o Evangelho de João, o Evangelho do Espírito. Estendiam um pedaço de tecido de linho branco, onde colocavam o Evangelho, e começavam com a oração: "Pai nosso, que estás nos céus... " Era sua prece, a grande prece em todas as aldeias. E lá, naquelas aldeias, acontecia exatamente o que acontece agora aqui conosco, quando estamos todos juntos. Isso me causa uma alegria que o coração não pode deixar de exprimir, pois é o Espírito que nos impulsiona e nos faz irmãos; é o Amor, o Império de Amor, o Deus de Amor, e não há nada mais simples e maravilhoso do que isso!

Pois bem, eles avançavam de aldeia em aldeia, amados em toda a Occitânia, em todo o sul da França, no Sabarthez e em Ornolac, o centro de iniciação de nossos bons homens. Ia esquecendo-me de dizer-vos que eles eram chamados *bonshommes* ou *parfaits*. De seus locais de iniciação, eles trouxeram para a Occitânia uma civilização espiritual tão grande e tão poderosa que certas pessoas que não nomearei tinham apenas

um único desejo: acabar com eles! De que maneira? Eles convidavam os perfeitos a congressos ou colóquios, como chamavam esses encontros, mas... os perfeitos sempre saíam vencedores nessas discussões teológicas, sempre! Não se discute com o Espírito, não se discute com o Deus de Amor! Eles não tinham necessidade alguma de procurar o Império de Amor! O Império de Amor é sempre vitorioso, a tal ponto que até o prelado do papa disse um dia: "Não vos deis ao trabalho de discutir com eles, pois eles sempre têm razão!" Outros diziam: "Enviemo-los à fogueira!" Ah, as fogueiras! Sabeis bem o que é uma fogueira? E quando um pobre bom homem foi intimado: "Tu deves renunciar a teu evangelho; tu renunciarás a João, renunciarás ao Deus de Amor ou nós te conduziremos à fogueira!", sua resposta foi: "Renunciar? Jamais! Renunciar a minha fé? Jamais!" E os prelados do papa responderam: "Nós os queimaremos todos, pois nenhum renunciará". Que poderoso testemunho!
Desde então, as fogueiras realizaram sua obra destruidora. Certamente, tivestes a oportunidade de ouvir essas magníficas histórias, magníficas, grandiosas, mas tristes. Quando pensamos que lá homens, pobres homens, foram mortos, como nossos *bonshommes,* cuja vida era um exemplo, e ouvimos de que maneira o julgamento foi feito! Alguns diziam: "Colocai-os antes na prisão!" E que prisão! Os que visitaram a Catedral de Lombrives com certeza se lembram da majestosa imensidão da Catedral. Mas... lá, acima dos degraus, encontra-se "a Escada", "a escada celeste". Lá, no alto, chegamos ao que denominamos o "grande cemitério". O cemitério em questão, na Catedral de Lombrives, designa o lugar em que quinhentos cátaros, últimos remanescentes que encontraram refúgio nas grutas, foram emparedados vivos. Não podendo capturá-los, os soldados da Inquisição fecharam solidamente a gruta, onde todos morreram de fome; mas em perfeita fé e autorrendição, sabendo que iriam ao encontro de uma vida melhor. Com efeito, lembrem-se destas palavras dos antigos irmãos: "A morte é somente o beijo de Deus". E: "O esqueleto pouco importa". Assim eles entraram em paz no reino para o qual se dirigem todos os nossos desejos.

Todos vocês compreenderão minha alegria por ter encontrado o senhor Leene, que é incontestavelmente o Mestre da antiga civilização, dos antigos mistérios. Com efeito, aquilo em que estamos mergulhados aqui são os antigos mistérios, os mistérios celtas, os mistérios gnósticos egípcios. Podemos resumi-los todos em uma única expressão: "Deus é Amor".

Por isso, meu sentimento é que hoje os antigos cátaros voltaram. Ou devo dizê-lo com outra palavra: *Catha-Rose*! Porque a palavra *katharos* não é propriedade de uma categoria qualquer de homens. Tornar-se "puro", "perfeito", está ao alcance de todos. O mundo inteiro deve tornar-se perfeito! Contudo, em relação a isso devemos ter coragem de percorrer o caminho da perfeição, o inexorável caminho da Gnosis, a Gnosis que faz que nos encontremos hoje neste templo de Renova. E é como se eu visse diante de mim: a Catedral, o cemitério, a glorificação…!

Estamos todos aqui diante dos dois ramos da Gnosis que hoje se tornaram um. E é com justiça que denomino esse ramo, esse ramo único: o ramo do Espírito, o ramo do Deus de Amor e do Império de Amor.

O Império de Amor

Antonin Gadal

Talvez alguns de vocês perguntem qual é o objetivo de nossos contatos espirituais; a grande maioria gostaria de conhecer "os mistérios" que envolvem nossa fonte comum. Permitam que eu dê algumas explicações:

O rio Ariège nasce nos Pirineus, na fronteira com Andorra, e desemboca no Garona um pouco antes de Toulouse. Entre duas cadeias de montanhas, ele penetra no vale cerrado de Ussat-Ornolac, onde existem mais de cinquenta grutas que foram habitadas nos tempos pré-históricos. Algumas delas adquiriram grande notoriedade graças aos sábios das antigas religiões que sucessivamente ali viveram: os sacerdotes dos povos da Idade da Pedra, os druidas celtas, os perfeitos dos rosa-cruzes e dos cátaros, os guardiães do Santo Graal dos fiéis templários!
Esse é o centro espiritual dos antigos mistérios, um centro onde sopra o Espírito que sempre esteve e ainda está presente! E acrescento que o Espírito indomável e jamais submisso comove sempre com força de fé talvez sonolenta, mas jamais sufocada, o coração dos seus filhos, que souberam viver e renascer segundo as mais puras doutrinas da muito santa Gnosis! Neste momento, não posso prolongar-me sobre esse assunto, porém haverá oportunidade para apresentar uma documentação completa. Algumas dessas grutas e cavernas devem ser particularmente mencionadas:

> Lombrives, "a Catedral dos albigenses", o sepulcro dos últimos remanescentes da Igreja cátara.
> Ussat, Bouan e Ornolac, as "Três Igrejas", onde ocorria a iniciação do clero, dos que levavam o nome de perfeitos, *bonshommes*, tecelões.
> Fontanet, *Fontane-la-Salvatge,* tão cara a Percival, o herói do clássico relato da busca do Santo Graal.

Três castelos chamam a atenção na ancestral epopeia da cruzada contra os albigenses:

> Foix, a nobre morada dos altivos condes de Foix e da grande Esclarmonde, a pomba do Paracleto.
> Montségur, a imponente fogueira do sacerdócio gnóstico.

Montréal de Sos, a fortaleza do Graal de Wolfram von Eschenbach e de Wagner, que conserva em sua cripta, onde os irmãos do Graal recebiam sua iniciação, o desenho desse santo mistério.

Nos dois vales do Ariège e de Vicdessos, nos imensos espaços no interior da Montanha Sagrada de Ussat, viviam as Fraternidades tão caras ao nosso coração: os rosa-cruzes, os cátaros e os templários. Que felicidade reinava nessas comunidades ideais! Naquela época, a Occitânia convertera-se naturalmente em um "Império de Amor". Deus é Amor! "Deus é Amor!" era uma de suas frases preferidas. E esse Império de Amor conduzia à Fraternidade Universal! As palavras "Paz profunda, irmãos...", "Deus é Amor..." e "As belas consolações de Belém" sempre estavam em seus lábios, em uma bênção constante... Que bênção, que emoção, poder falar dessa antiga Fraternidade! Nesse Império de Amor não existia evidentemente nenhuma hostilidade. Mas, infelizmente, sua própria existência e sua atividade suscitavam contra ela cruel animosidade!

Como esse Império se manifestava? Um grão-mestre assistido por uma *arquidiaconisa* dirigiam com seus conselhos toda a Fraternidade. Para eles o Verbo não estava selado na Bíblia; nada de escritura acorrentada no templo; nada de Deus cativo no tabernáculo; nada de sacerdote carcereiro de Deus; nada de papa porteiro do céu e do inferno; nada de servidão e morte do Espírito! Não, Deus salvara duas vezes o mundo de seu materialismo e de sua corrupção mediante a imensa revolta da Gnosis: por meio dos místicos, dos gnósticos, dos solitários dos desertos, dos grandes pensadores das cavernas. Ele fez os rosa-cruzes, os cátaros, os leonistas, os espirituais de Narbonne e da Calábria erguerem-se contra a fé e o dogma desprovidos de razão. Foram as igrejas proscritas de João e de Paulo, os rosa-cruzes e os templários, irmãos da Fraternidade Universal, que, com os cátaros, erigiram o Templo do Espírito! Foi o grande "Mani da Aquitânia", o maneísmo pirenaico – que não deve ser confundido com o maniqueísmo! – que soube conservar a cruz do grão-mestre do Templo.
E que cruz! Nela figuram uma barca em forma de lua crescente vogando sobre um oceano de almas purificadas, tendo no centro um *Iesmon-Resch* sustentado por mão firme; à esquerda, uma águia, a águia do Espírito divino; à direita, o monograma de Cristo. A coluna de Cristo é o barco de luz do Sol; é, graças a Cristo, a terra salva mediante a ressurreição. Nos termos dos mistérios egípcios:

> A alma, purificada pela luz, adentra os domínios da água viva. Sobre essa água viva, navega a nave luminosa da lua. Para aproximar-se das regiões celestes, a alma deve subir na nave luminosa da lua. Dali, outro navio luminoso, o sol, a conduz para longe, mais longe ainda, até o fogo da vida. A alma é levada de volta à sua origem, ao Rei de luz, ao Paraíso.

A barca de Ísis do *Livro dos Mortos* egípcio, a nave da lua; a coluna do sol, que nos faz lembrar o belo druidismo, os filhos do antigo Egito, nosso Cristo... A coluna do sol é a coluna de Cristo! Em suma: o divino "caminho das estrelas", o Graal mágico com sua dura senda da Perfeição...
E tendo o perfeito atravessado a morte da matéria em Kepler, a gruta de Osíris, o deus da morte, e recebido o *consolamentum*, o sacramento do fim da matéria, e em seguida se metamorfoseado em homem-espírito mediante a oferenda, pelo sacrifício total de si mesmo, então Belém o acolhia...

Que simplicidade, que comovente civilização de cristãos apostólicos! Porém, adversários cruéis, invejosos do valor espiritual da bela Occitânia, desencadearam sobre ela terrível cruzada que durou cento e vinte e cinco anos, com banhos de sangue, encarceramentos, fogueiras e torturas. Pobres antepassados! Pobre terra calcinada! Pobres aldeias aniquiladas! Pobre condado de Foix! Em 1275, a terrível Inquisição abateu-se sobre o Sabarthez. O bispo dos cátaros emigrou para a Lombardia, com numerosos fiéis. Os rosa-cruzes evitaram sabiamente a Inquisição e partiram para o exílio, ao longo do caminho que vinha da Alemanha, que Prisciliano, bispo de Ávila, decapitado em Tréveris, havia tomado – que coincidência – no ano 382, do mesmo modo como Félix, bispo de Urgel, vindo de Andorra, condenado no ano 800, em Aix-la-Chapelle... Restaram apenas os templários. O grão-mestre da Fraternidade tornou-se um templário. Foi apenas em 1314 que a Ordem dos Templários foi dissolvida e parcialmente aniquilada pelo fogo. Em 1328, os últimos fiéis das Três Igrejas foram encarcerados com seu último bispo em Lombrives, na bela e grande Catedral. Foram emparedados e morreram de fome numa gruta que, desde então, passou a ser chamada de "o grande cemitério".

Antes de desaparecer, o grão-mestre cátaro havia desenhado, em uma pequena gruta de iniciação oculta no alto da "Montanha Sagrada", a cruz do Grão-mestre da Fraternidade Universal. Essa cruz foi bem guardada, graças à vigilância do Espírito, com a finalidade de conduzir a um bom fim. De patriarca em patriarca, essa cruz reinou através dos séculos. O último velho servidor pôde vivenciar a felicidade de transmitir essa bela cruz, esse símbolo da antiga Fraternidade, à jovem Fraternidade, representada por nosso amado Senhor Leene e nossa honrada Senhora Stok.
Bem sei, caro Grão-mestre e venerada Princesa cátara, que ela estará bem guardada em suas mãos. E também sei, meus jovens amigos, que vocês cuidarão de carregar cada vez mais alto a altiva divisa de nossos ancestrais, a divisa que é: *Mès naut,* ou seja: "Mais alto, cada vez mais alto!".

26 de novembro de 1955

Muito querido Grão-mestre,
Venerada Princesa cátara.

De volta após magnífica viagem,
piso a terra do Sabarthez...
Meu primeiro pensamento se dirige a vocês!
Quantos agradecimentos lhes devo
por toda a sua delicada atenção!
Que felicidade íntima, devida a vocês,
que hauri do ambiente de seus belos centros,
dessa esplêndida união que pude comprovar
rumo ao conhecimento da perfeição em Cristo!
E também, ó alegria inefável para o velho Patriarca do Sabarthez,
pela coroação, através dos séculos,
do caro Grão-mestre da Fraternidade Universal!
Deus é Amor!
O Império de Amor continua...
Adveniat regnum tuum!
Estamos aqui, reunidos e unidos,
para o reino de Cristo, para o que der e vier!
Agradecimentos renovados!
Com meu humilde beijo de Paz,
muito querido Grão-mestre;
com meu piedoso beijo de João,
venerada Princesa,
com as tão belas Consolações de Belém,
para todos meus queridos filhos
rosa-cruzes e cátaros.

A. Gadal

O brasão do Sabarthez, "Custos Summorum", guardião dos altos picos ou dos sublimes testemunhos do Espírito, "guardião do Altíssimo"

A herança do Santo Graal

O centro do Templo do Espírito

Antonin Gadal

Em novembro do ano passado, pude experimentar a alegria de fazer uma maravilhosa viagem ao seu belo país. Eu me senti especialmente feliz pela honra de poder transmitir-lhes as mais belas bênçãos, as mais maravilhosas preces, a "Paz profunda e as belas Consolações de Belém" do antigo centro de iniciação de Ussat-Ornolac. Essa honra foi, ao mesmo tempo, um dever! Um ancião, um servidor da Fraternidade, de idade avançada, deve obedecer evidentemente a esse dever! Honra, dever ou dever de honra é o resumo, a colheita de uma vida; de um período de longas meditações nas galerias infinitas de nossas grutas e abismos; de inúmeras buscas nas "catacumbas" e também de piedosas lições que pude receber em nossas imensas salas.
Pois bem, foi assim que, em novembro, transmiti "a cruz do Grão-mestre" e "a veneração da Pomba". Oh, recordação maravilhosa e cheia de mistério dessa solenidade no templo de Renova! E hoje, com uma alegria que ainda cresce, tenho a honra de oferecer a vocês a hospitalidade em nosso centro acolhedor e de convidá-los a tomar lugar nele de forma satisfatória, embora, como compreenderão, de forma provisória.

Recebam as muito cordiais boas-vindas, meus caríssimos amigos, meus irmãos e irmãs, com meus votos de colaboração a serviço do grande objetivo! Alegres boas-vindas a uma região que aspira a render-lhes sua total hospitalidade e fazê-los experimentar a força de atração de nossas grutas e abismos, cujos acessos se revelam a vocês como fendas escuras: Lombrives com sua Catedral; as "Igrejas de Ussat" com a misteriosa gruta do Eremita; Bouan com seu altivo *Castelet de Joana* e Ornolac-Belém, bem aqui à nossa frente... E lá, a Catedral e as Três Igrejas de nossos antepassados. Não vou enumerar todos os nossos tesouros, a abundância das grutas e outras riquezas pré-históricas, históricas e geológicas sobre as quais falarei em detalhe mais tarde. Gostaria, porém, de mostrar-lhes à nossa direita Fontanet, *Fontane-la-Salvatge*, sobre a qual falaremos quando evocarmos "o Graal, a busca do Graal, a história do Graal e... a herança do Santo Graal"; a maravilhosa história do Sabarthez da Idade Média, que irradia sua luz divina nas trevas terrestres! Vocês sabem tudo isso, não é mesmo? Não lhes conto nada de novo: *Lux lucet in tenebris* – a luz brilha nas trevas!

O Sabarthez é uma terra surpreendente, insólita. As torres do condado de Foix dominam esta região no limiar do vale do Ariège e de Vicdessos. Tarascon, a antiga

Tarusque, e Ussat-les-Bains, situadas ambas à sombra do Tabor, o antigo e memorável monte Tabor, formam juntas o centro eminentemente espiritual do Ariège. Montreal de Sos e o "Castelo do Graal" são o centro de Parsifal, o Perceval de Chrétien de Troyes.

Uma antiga lenda diz que os cátaros estavam diretamente ligados aos templários, o que significa que podiam atravessar a montanha inteira com a finalidade de encontrar-se mutuamente. Essa lenda é verídica, visto que uma passagem leva de Lombrives, no vale do Ariège, via Niaux, ao vale de Vicdessos. Outra lenda relata que os cátaros e os rosa-cruzes também eram ligados a Soulombrié e a Saint Barthélemy, ao caminho que leva a Montségur. Soulombrié, o magnífico centro druida, e Saint Barthélemy com seu templo, seu "Oratório", estão ambos situados no maciço do Tabor. Bem, neste caso, não posso provar que a lenda seja totalmente verídica; porém, posso sim confirmar que o é em grande parte.

Nossos jovens pioneiros, caso sejam intrépidos exploradores de grutas, deverão seguir as pegadas de seus antigos predecessores; então, seguramente descobrirão por fim o lendário caminho. E parecerá que, de nossas catacumbas, ainda que vindo de direções opostas, o sangue de Cristo e a *lapis ex coelis*, a "pedra do céu", ou dito de outra forma, a Igreja militante de Cristo, que se sacrifica, e o "catarismo do novo homem em devir" encontrar-se-ão no próprio centro de iniciação. E o mundo compreenderá:

1. que o caminho para o Graal conduz à Perfeição e à Transformação,
2. que a escuridão se tornará luz segundo o método que nos foi legado por Cristo e seu discípulo bem-amado, João.

E vocês, meus caríssimos amigos, estão aqui no centro do "Templo do Espírito". Hoje, a antiga Fraternidade já não é formada pelos templários que foram queimados vivos, pelos cátaros quase totalmente dizimados e pelos rosa-cruzes perseguidos, proscritos e banidos, porém ela está aqui: viva para sempre, livre para sempre, para sempre jovem... !

A antiga Fraternidade veio até a jovem Fraternidade a fim de abrir lugar aos jovens, aos ativos, aos verdadeiramente corajosos! O vale dos cátaros e dos rosa-cruzes e o vale dos templários de Montréal, os dois verdadeiros vales do Santo Graal e da Perfeição, dão-vos as boas-vindas, meus caríssimos jovens irmãos e irmãs! Os antigos conhecedores das grutas, pré-historiadores e historiadores, estendem seus braços para vocês! As catacumbas, nossas catacumbas, que podemos verdadeiramente chamar de "o livro da humanidade", aguardam vocês! Nosso Grão-mestre e nossa venerada Pomba aqui estão para conduzi-los ao interior desse labirinto ilimitado que, apesar de subterrâneo, eles conhecem perfeitamente!

A Direção Espiritual colocou a Conferência de Ussat-les-Bains sob o título: "A herança do Santo Graal"! A herança do Santo Graal! Poucas palavras que abarcam um tesouro de riqueza espiritual do passado e do presente, de Rama, dos druidas, Krishna, Hermes Trismegisto, Moisés, Orfeu, Pitágoras, Platão, da Gnosis judaico-cristã, dos mistérios alexandrinos... e de muitos, muitos outros! Não obstante, essa herança implica imensa responsabilidade: um trabalho que deve dar frutos, um profundo estudo que deve ser empreendido; um inventário e a salvaguarda de todas as nossas catacumbas, grutas, *spoulgas* e cavernas e, sobretudo, um novo esclarecimento dos antigos mistérios da Atlântida, do Egito, da Gnosis em geral e do "tesouro dos albigenses"!
Quanta solicitude e que imenso e pesado trabalho... E as cinco gotas do sangue de Cristo desenhadas na gruta dupla de Montréal de Sos? Que vastos horizontes elas evocam para nós... o Alfa e o Ômega, o começo e o fim... a transfiguração! A lagarta que deve regressar à matéria, o espírito que deve substituir a matéria, a alma - a alma imortal. Mas minhas digressões me levam longe demais: de tudo isso, já provamos a Perfeição, o Santo Graal, o caminho para o Santo Graal...
E Lucibel? É o arcanjo de luz que, ambicioso, orgulhoso, assaltado por desejos imoderados, foi precipitado para fora do céu, para o vazio. Em sua queda, lascou uma estrela, cujos pedaços rolaram pelo espaço até cair na terra; *lapis ex coelis*, a pedra do céu... o Graal!
As "cinco gotas do sangue de Cristo" e a "pedra do céu"... os templários, os cátaros e os rosa-cruzes. Assim, encontramo-nos verdadeiramente no Sabarthez, no vale do Ariège, com a Catedral de Lombrives e as Três Igrejas de iniciação dos *bonshommes*, dos perfeitos, do mesmo modo que no vale de Vicdessos, com Montréal, o castelo do Graal e sua gruta de iniciação. Resumindo: encontramo-nos no caminho do Santo Graal!

Sigamos juntos esse caminho! A antiga Fraternidade servirá de guia, cedendo à jovem Fraternidade o cuidado de jamais abandonar esse caminho que leva a uma felicidade indefectível. Eu sei, e é para mim uma alegria exprimi-lo aqui, que vossos guias espirituais aí estão para velar por isso.

O patriarca da Fraternidade precedente

Jan van Rijckenborgh

Agora que nos encontramos reunidos como irmãos e irmãs, como amigos, e, acima de tudo, como grupo dos que se uniram na Gnosis, chegou a hora tão esperada de nos confrontarmos com a Corrente Universal dos predecessores. Agora que as palavras de boas vindas cheias de amor do senhor Gadal foram transmitidas a todos nós, devemos compenetrar-nos intensamente do grande e profundo significado de tudo isso. Que a compreensão necessária possa ter acesso a todos os nossos corações e encontrar o terreno preparado em cada átomo de nossas almas – esse é o clamor que se eleva a todos os grandes predecessores.

Eis-nos aqui reunidos sobre nossas próprias raízes, em meio aos antigos santuários, com múltiplos objetivos. Já falamos muito sobre isso, vocês o sabem. Todos nós nos preparamos com muita seriedade. Agora, contudo, deve tornar-se realidade o objetivo essencial de nossa viagem a Ussat, objetivo que somente pode tomar forma e ser compreendido e experimentado interiormente no Santo Graal. Deve ser estabelecida em nossos dias a grande aliança positiva, a união consciente entre vocês e o último elo da tríplice e santa Fraternidade que nos precedeu, isto é, a Fraternidade da Rosa-Cruz, a Fraternidade dos Cátaros e a dos Construtores do Templo! Então vocês regressarão a casa sendo outros, totalmente diferentes de quem eram anteriormente. Falamos de uma tríplice aliança e um toque tríplice, pois sem semelhante comoção o Santo Graal jamais poderá tornar-se realidade, tornar-se posse interior para você. O Santo Graal somente se concretiza naqueles que dele se aproximam com um coração puro, com o saber santificado e professando-o positiva e efetivamente.

Se falamos de uma ligação positiva, devemos primeiro falar de uma ligação negativa, de uma série de orientações que todos já vivenciamos, de estados de alma que provamos, aos quais quisemos responder no curso dos anos, e que finalmente nos conduziram à Escola. Falaremos ainda das causas dessa ligação elementar. Neste momento, devemos compreender que o fogo positivo do Três Vezes Grande Hermes deve agora inflamar-se sobre a base anteriormente estabelecida e que vocês têm o dever de vivificar pessoal e coletivamente essa graça. Foi para isso que chegaram juntos a este ponto, pois "a Corrente da Luz quer batizá-los com o nome de Filho"!

É bem possível que a Corrente da Luz ainda seja para vocês um conceito bastante vago, uma noção abstrata. Se essa dificuldade existe, ela é levada em consideração. Aliás, vocês estão aqui para tornar concreto o que ainda é tão abstrato!
Antes de mais nada, vocês estão aqui em solo clássico. O alento da Fraternidade precedente estende-se aqui sobre o vale do Ariège. A grande e indelével oferenda do sangue de milhares de homens efetuou-se aqui, e a atmosfera etérica, tão transparente e condutora, desvela nosso objetivo. Além do mais, cada Fraternidade precedente mantém um guardião, um "patriarca", um enviado que ama a tal ponto a Obra três vezes Santa a serviço da humanidade, que retorna voluntariamente, solitário, a estes lugares de exílio. Todavia, vocês sabem, quem está assim só está intimamente unido à Gnosis! E por isso agradecemos à Luz pela graça maravilhosa de permitir que saudemos o patriarca da Fraternidade precedente em nosso Pai, Irmão e Amigo, o senhor Antonin Gadal, agradecendo a ela o grande privilégio de ter podido conhecer e amar este fiel servidor do Graal, este incansável buscador e protetor dos santuários.

Tornou-se claro que, apesar de todo o vago e abstrato que devem enfrentar, vocês têm nele um foco, um representante vivo da Fraternidade precedente. Por meio dele serão ligados ao testemunho vivo da história, ao alento dos predecessores. Ele falará com vocês, com todos vocês, de modo muito pessoal. Sem dificuldade nem esforços acima de suas forças, vocês todos podem tornar-se positivamente conscientes da grande aliança que deve ser aqui celebrada. A história com a qual o senhor Gadal os ligará será um meio para alcançar o objetivo.
Que objetivo? O de tornar sua condição de participantes de uma nova e jovem Gnosis uma evidência, uma realidade jamais vista antes! Pois não estamos aqui unicamente para imergir no querido e respeitável período da história para o qual tendem nossos interesses místicos e intelectuais. Viemos aqui para efetuar uma massiva efusão de força-luz gnóstica, grandiosa e magnífica, numa poderosa festa de Pentecostes, uma bênção, tendo em vista cumprir uma tarefa gigantesca. Uma tarefa com a qual já estamos ocupados: expandir o novo reino gnóstico na Europa e, por meio dele, o trabalho no mundo inteiro, a fim de armazenar a nova colheita do reino de Deus.

Assim, Irmãos e Irmãs, estamos reunidos com finalidades mágicas. Unânimes, estamos reunidos no Salão Superior do Templo para celebrar nosso *Pentekoste*, nosso "Pentecostes", a festa da estrela quíntupla de Belém. E queremos experimentar juntos se as condições mágicas, indispensáveis para alcançar nosso objetivo, estão presentes neste momento. Essas condições mágicas somente poderão levar-nos ao sucesso se forem aceitas pelo grupo inteiro. Esse é o motivo pelo qual o evangelho de Pentecostes insiste tanto no fato de que vocês sejam "unânimes".

Queremos, portanto, perguntar-lhes: Vocês estão preparados para aceitar, reconhecer e amar o senhor Gadal como representante entre nós da Fraternidade precedente, como patriarca do santo trabalho ao qual vocês estão todos convidados?
Vocês sabem como, há alguns meses, o senhor Gadal reconheceu e aceitou a jovem Fraternidade e seus servidores chamados a esta obra, a senhora Stok e o senhor Leene, como representantes da Corrente Universal da jovem Gnosis. E agora, para tornar totalmente ativas todas as condições mágicas, vocês devem sustentá-las juntos, mediante sua perfeita promessa.
Assim como fomos os três aceitos pela Fraternidade e podemos receber sua bênção, é necessário, especialmente neste estágio do desenvolvimento do santo trabalho, que vocês nos aceitem na construção mágica empreendida nesse meio tempo, de modo que, sob um fogo ardente, o novo elo seja solidamente forjado na Corrente e, assim, seja assegurada a manifestação progressiva da Gnosis.
Se quiserem ser nossos companheiros, queiram levantar-se!

Vocês aceitam o passado gnóstico no presente vivente.
Vocês confirmam novamente o passado no presente e o sustentam.
Em nome do Três vezes Grande entre os Grandes.

Amém.

O sinal da culpa

Jan van Rijckenborgh

Mostramos a necessidade de que uma ligação forte e positiva entre vocês e o último elo da sagrada Fraternidade que nos precedeu possa estabelecer-se no menor lapso de tempo possível. Essa ligação ainda era negativa, expressando-se por meio de estados de alma e de uma orientação que, em determinado momento, fizeram vocês encontrar a Escola. Gostaríamos de examinar juntos a natureza e as causas dessa ligação negativa, para observarmos a seguir as inevitáveis consequências que ela impõe.

Para começar, perguntamos: Por que houve e ainda há indiscutivelmente presente em vocês esse impulso interior para a Escola e a Gnosis? Por que essa tendência em buscar a Rosa-Cruz, o Graal e o catarismo? Talvez vocês respondam: "Meus pais me conduziram nessa senda, portanto talvez se trate de algo hereditário." Ou poderiam simplesmente responder: "Tenho interesse por isso." Ou ainda: "Após muitas experiências, reconheci a Escola Espiritual como meu verdadeiro lar!" Também pode ser que alguém entre vocês diga: "A Gnosis me tocou e chamou... E eu respondi."

Ainda podem ser dadas muitas outras respostas, que nada digam de essencial, nada expliquem, somente confirmem algo. Contudo, devemos saber claramente a razão que nos conduziu à Escola. Somente a realidade simples e nua pode auxiliar-nos.

Seu microcosmo, chamado a uma existência eterna, já tem atrás de si um caminho milenar. Ele já abrigou inúmeras personalidades, e cada uma delas deixou um traço de sua passagem no ser aural. Essa carga manifesta-se agora como uma corrente de força magnética ativa em cada novo habitante do microcosmo, portanto, em nós também! Se tivermos conhecimento disso – e vocês têm – o que podemos deduzir? Pois bem, podemos verificar que uma força magnética, presente no sangue, está espontânea, involuntária e magneticamente ativa em nós. E foi essa força que nos conduziu para a jovem Gnosis.

Que mais devemos deduzir? Que a última personalidade que nos precedeu no microcosmo foi confrontada com a Gnosis tríplice e reagiu a ela de uma maneira ou de outra. O impulso magnético que emana de nosso ser aural é uma força justa. Ele atua de maneira absolutamente automática, como um destino cego. Como uma corrente de força, ele flui assim que o caminho está aberto e a ele reagimos na qualidade de seres nascidos desta natureza. Nisso não temos, portanto, mérito algum! Sua chegada à Escola explica-se por razões perfeitamente científicas.

Ao se aproximarem da Escola Espiritual, talvez vocês tenham travado uma luta, e tenham tido de vencer dificuldades. Tudo isso resulta, entretanto, do conflito dialético normal entre o impulso natural comum e o impulso cármico em vocês. Esse impulso cármico muitas vezes nos conduz, às vezes diariamente, em situações que não se harmonizam facilmente com as circunstâncias da vida comum e natural. E, prestem atenção, embora seu impulso cármico os conduza inevitavelmente em direção à Gnosis, vocês não podem, por isso, dizer que mais uma vez receberam a Gnosis. Todos vocês vieram à Escola por um impulso puramente natural, devido a uma assinatura de seu passado microcósmico, assim como encontramos semelhante impulso natural entre os pesquisadores da ciência nuclear ocupados em fabricar bombas atômicas. Não é agradável dizer-lhes tudo isso. No passado, ocultamos tudo isso, porém um grupo que é chamado, como o de vocês, deve ousar encarar a realidade, olhá-la face a face.

Quando aceitamos essa realidade, devemos penetrar ainda mais fundo por detrás dos véus da verdade. E perguntamos a seguir: Se a personalidade que os antecedeu no microcosmo passou por experiências gnósticas e reconheceu a senda da libertação, como é então possível que vocês estejam aqui? Melhor dizendo: por que ainda estão aqui? Se a senda gnóstica não somente pode fazê-los sair em uma única vida, mas também realizar em vocês o renascimento da alma-espírito, por que então vocês estão aqui?

A resposta é evidente: seu predecessor certamente viu a senda, conheceu-a bem e provou-a bastante – e, portanto, vivenciou o Santo Graal bem de perto – mas, por alguma razão, recusou as grandes possibilidades que lhe foram oferecidas. Sim, o predecessor em seu microcosmo vivenciou o Tao bem de perto, ele provou muito de perto o grande Alento, de maneira que o ser aural recebeu uma marca indelével, de forma que um impulso magnético ainda se manifesta em vocês. Tudo isso deve ser dito aqui, no vale do Ariège, por razões que se tornarão muito claras para vocês. E a realidade torná-los-á modestos, muito modestos, pois vocês não podem vangloriar-se da situação de que tratamos.

Mas, prossigamos: os antecessores em nosso microcosmo viveram aproximadamente de quatrocentos a oitocentos anos atrás, portanto, na época das Fraternidades históricas sobre as quais refletimos agora sob a orientação do senhor Gadal. Os habitantes de nosso microcosmo naquela época viveram nas proximidades dos antigos cátaros, nas regiões do Sabarthez, nas terras dos *bonshommes.* Eles viveram também nos Países Baixos, na Alemanha e na Suíça, onde as Fraternidades do Graal e da Rosa-Cruz clássica deixaram suas marcas, sua herança imperecível. Os predecessores em nosso microcosmo, de cujo alento magnético vivemos agora, traíram, venderam ou negaram de múltiplas maneiras as antigas Fraternidades. Eles conheceram e experimentaram de pertíssimo a Gnosis, mas foram como aqueles que o Sermão da Montanha fulmina quando diz que, tendo sido tocados, quiseram servir a Deus e a Mâmon; os "tocados" que, ao chegar o momento supremo, renegaram a Luz; os "tocados" que, na hora do perigo, levantaram as mãos contra seus irmãos.

Vejam essa verdade diante de vocês! Microcosmicamente falando, estávamos entre os que pregaram nosso Senhor na cruz, nas pessoas dos irmãos e irmãs que traímos, abandonamos e renegamos. É por isso que seu sangue, seu sangue inocente, queima-nos

como um fogo, um fogo infernal, pois um "tocado" jamais pode livrar-se de semelhante sinal magnético no sangue. Vocês foram marcados! Um "tocado" jamais está livre do sinal deixado no sangue por essa dívida.
Esses "tocados" encontram-se atualmente no poço que Valentin Andreæ nos descreve em *As núpcias alquímicas de Christian Rosenkreuz*, o poço dos "tocados", o poço dos condenados. De fato, nada há aqui de que possamos vangloriar-nos. Quem vê a Luz, quem a Luz tocou uma vez e, entretanto, não se aproxima, é marcado pela Luz; ele carrega os estigmas do fogo de Hermes, o sinal da dívida. Ele não encontra repouso em parte alguma; ele não encontra repouso até que venha o auxílio. Auxílio de quem? Auxílio dos que foram um dia traídos e vendidos, queimados e martirizados por amor ao Santo Graal. Seu sinal, sua reação frente à dívida, sua ligação com essa dívida, é uma ligação com o Santo Graal; ela é a herança do Santo Graal. Vocês jamais poderão libertar-se dela. Restam-lhes somente dois caminhos: ou continuar torturando-se com esse sinal do fogo, o fogo da dívida, no poço do perecimento de Cristão Rosa-Cruz, com o fogo interior que continua a rugir em vocês, ou então seguir as linhas diretrizes dos herdeiros divinos e realizar sua última vontade.
Para poder fazer isso, a fim de capacitá-los para tanto, eles vêm até vocês e vieram até vocês como auxílio. Assim, o sinal do Graal, o sinal sanguíneo da dívida, pode ser transformado em vocês e por vocês em Santo Graal, em redenção perfeita. A flama do ódio e o fogo devorador de um medo indizível fizeram nosso microcosmo cair num abismo profundo. Mas, pelo incêndio do amor imperecível, a Gnosis sempre vem aos estigmatizados, aos homens predispostos, a nós, para elevar-nos com as cordas do amor.
Quem compreende isso se torna infinitamente modesto, extremamente silencioso, tão silencioso que o amor de Deus se torna para ele, por assim dizer, audível, perceptível. E sua resposta será: "Por mim mesmo nada sou. Ó Gnosis, sede clemente com este pecador!" Tal ser já não combate como um desesperado a fim de agarrar a corda, e no momento preciso a corda do Amor desce até ele. Quem a agarra, com todo seu ser, com todo seu amor, acima de todo temor e instinto natural, pode franquear a ponte e, graças à corda luminosa, será conduzido ao país do Santo Graal.
Irmãos e Irmãs, estas palavras, esta declaração, este "desmascaramento", são dirigidos a vocês porque para todos vocês a hora chegou. As antigas cordas do amor são novamente lançadas no presente! E os que foram traídos e renegados pelos antecessores de seu microcosmo saúdam-nos com as palavras do eterno Amor:

Venham, meus bem-amados, aproximem-se!
O salão de núpcias está preparado.
As mãos de amor de seu Pai
lhes acenam.
Venham, o tempo chegou!

A herança do Santo Graal

Jan van Rijckenborgh

Todo aluno da Escola Espiritual atual que deseja tornar-se verdadeiro aluno no mais profundo significado desse estado de ser deve, para começar, ter consciência da ligação negativa da qual falamos, caso deseje que uma reação positiva com o que denominamos Gnosis surja em dado momento.
Em cada aluno existe, provinda do ser aural, uma força magnética propulsora que o inquieta no "poço do perecimento" onde ele se encontra, e que o impele a agir. Assim, o aluno é preso como num fogo ardente, num forno superaquecido, que não consome seu ser, mas o conserva vivo e o mantém numa busca incessante.
Sabemos agora que o fogo que nos inquieta deve-se às tensões magnéticas desenvolvidas como resultado dos toques gnósticos aos quais os habitantes precedentes de nosso microcosmo reagiram até agora de forma negativa. Como consequência, nasce no homem uma tensão magnética que podemos qualificar de "dívida". Essa "dívida" é uma concentração de força-luz que não foi assimilada, força-luz pessoalmente invocada e à qual reagimos mediante comportamentos errôneos, ou seja, repreensíveis.
Aí está o prodígio da dialética, da ordem de socorro, que é a natureza da morte. A própria humanidade cria, em diferentes estados e graus diversos, um poderoso potencial de dívida magnética do qual ela não pode escapar. E vocês sabem: a penitência segue sempre a dívida; é uma tendência natural, lógica, para escapar à tensão que a dívida provoca. E por isso – e observem vocês mesmos – cada ser humano está à procura de um comportamento que, psicologicamente e da forma mais direta possível, lhe permitirá exprimir esse impulso cármico. Agindo assim, ele tenta recriar esses momentos de calma e paz em que retoma o fôlego.

Devemos aprender a ver que o comportamento de muitos seres humanos, por mais absurdo que possa parecer, é o resultado de uma tentativa de amortizar a pressão dessa dívida. Cada um deve sondar em si mesmo a dívida e o arrependimento. Compreenderemos então que o arrependimento de um homem e o modo como ele o pratica podem exatamente aumentar a pressão que provoca a dívida. Pensai também na Psicologia. Assim os grupos humanos são conduzidos aos abismos mais profundos, de círculo infernal em círculo infernal, até um limite intransponível. Quase toda a humanidade se encontra num estado experimental face ao problema da dívida e do arrependimento.

Qual é, meus amigos, o pecado mais grave? Os seres humanos, os povos e as raças têm opiniões muito diferentes sobre esse assunto. Mas é certo que todas essas divergências chegarão ao fim no exato momento em que tomarmos consciência de que a dívida mais grave que podemos carregar é a falta cometida contra a luz universal. Esse é o último estágio, o mais baixo da tensão provocada pela culpa. Por isso a Bíblia diz: "Os pecados contra o Espírito Santo não podem ser perdoados".
Por que isso? Porque, além do último e mais baixo dos círculos infernais, no plano psicológico, não existe outro. Na natureza da morte, descemos por diversos degraus de dívida e de arrependimento até um nadir. E nesse nadir nasce uma insuportável luta, uma agitação da qual conhecemos os tão numerosos aspectos em nossos países ditos civilizados. E muitos retrocedem. Do nadir, eles procuram retornar aos círculos infernais antes habitados, pois ainda não conhecem a montanha da purificação, ou não a querem escalar. E tornam a cair sempre ao ponto mais baixo; as tensões das dívidas aumentam tanto, tornando-se de tal forma insuportáveis, que só resta uma saída: subir a montanha da purificação. A corda deve ser agarrada, a corda do Amor, e a última vontade dos herdeiros do Santo Graal, conforme já explicamos, deve ser executada.

Poderíamos perguntar-nos se é necessário um homem percorrer aqui na natureza da morte o caminho que conduz ao nadir através de todos os círculos infernais, carregado de todos os aspectos da culpa. Esse seria o caso, efetivamente, se não existisse nenhum trabalho gnóstico na natureza da morte! Mas os herdeiros do Graal descem até nós e estendem a mão de luz para quem está suficientemente consciente da tensão que sua dívida provoca. É assim que se realiza uma ligação positiva. Seja qual for a situação na qual se encontrem nesse momento, isso poderá tornar-se num instante o lugar no qual vocês podem galgar o caminho libertador. Não se perguntem, portanto, se podem cair ainda mais baixo! Tomem a decisão: "Respondo agora ao toque! Ao toque do Graal!"
Há um toque da Luz que provoca na natureza dialética esse estado de agitação e a ligação negativa da qual falamos. Mas existe igualmente um toque do Santo Graal.
O Santo Graal é uma concentração de força-luz da qual todos os irmãos e irmãs da Corrente Universal tomam parte. O Graal tornou-se, através dos séculos, uma poderosa concentração de intensa vibração libertadora. É o sangue sideral do Cristo universal. É um campo de tensão muito vigoroso ao qual nada pode ser comparado. Ele é simbolizado por uma taça ou por um coração de onde verte o sangue vivente. É o capital da Gnosis reunido através de todos os tempos. E a vocês é dado haurir desse tesouro imperecível para que se tornem todos felizes, radiantes de bem-aventurança. É o tesouro dos Cátaros, o tesouro da Rosa-Cruz e o tesouro do Graal; é o poder da Corrente Universal em sua totalidade. É o tesouro que foi igualmente colocado sob a

posse da jovem Gnosis, um tesouro que realmente os torna todos ricos, imensamente ricos! Essa é a herança do Graal!
Em suma: é o sol do sistema da Corrente Universal, um sol de radiação e força sempre crescentes. Toda jovem Gnosis admitida na Corrente é integrada ao sistema e pode transmitir essa força solar para quem deseja recebê-la:

força de renascimento,
força de crescimento da alma,
força de manifestação da veste áurea nupcial,
força que permite o trabalho sacerdotal.

No trabalho mágico empreendido por vocês, o Graal lhes foi estendido, o coração aberto da Graça lhes foi ofertado; o elemento libertador positivo lhes foi transmitido. Vocês receberam a herança do Graal e a aceitaram. Vocês foram transformados, e agora aguardamos suas ações.

Caminho de arrependimento

A. Spoel-de Pril

Ampla corrente, Falange Sacerdotal,
formando uma multidão, reuniu-se
no roseiral do Templo
do antigo solo cátaro.
Condoída, escuta
- eco longínquo, rumor surdo -
a traição outrora perpetrada
a Deus e ao homem...
Puro amor dos Perfeitos,
pelo martírio provados...
Ó perdão! Vê a dor dos corações
pelo remorso revolvidos.

Então, grinalda viva,
a corrente das almas de rosas,
intimamente soldada,
pelo Fogo solidamente forjada,
ondula pelo flanco de granito
e se eleva ao longo das sendas
na rocha maciça talhadas.
Ó milagre do Espírito...
Até as profundezas,
todos os corações
são tomados pela festa sublime:
reconciliação derradeira...
a filiação reencontrada.

Longo caminho de arrependimento,
marcado, entretanto,
pelo canto das rosas,
percorre a terra dos antigos cátaros,
bendita terra a Deus consagrada.
Intacta, sua pura vibração
preenche a abóbada celeste
com sua cristalina luz
até os remotos confins.
Corações repletos de esperança,
na graça total confiança,
o grupo de jovens cátaros avança
para apagar a traição.

Com o coração pesado,
carregado de lágrimas,
sobrecarregado de remorso e
vergonha
- o eu perdido, abandonado -
atravessamos, em silêncio,
as "catacumbas" de outrora.
Os corações de rosa unidos
em "Renova", elo mágico,
juntos caminhamos
para a antiga "Catedral",
sagrada herança dos mártires.
Implorando perdão,
o Santuário adentramos.

E o templo das entranhas do
mundo
recebe os antigos "jovens cátaros"
que se apressam em fileiras
cerradas
sob a abóbada imensa da sala.
Longe do tumulto da terra,
a Graça irradia, eterna.
Ali está o perdão,
fruto do arrependimento.
O dom do amor, oferenda
da Corrente dos Irmãos, gera
tal uma pérola, uma lágrima,
uma gota do orvalho áureo.
Espírito de Cristo! Consagração!

Aqui está o Santo dos Santos
que a Gnosis protege,

herança bem-amada,
oferenda de amor dos libertos!
Por nós, com toda consciência,
eles oferecem sua vida –
verdadeiros filhos da Endura,
à Santa Ceia fiéis,
firmes na fé.
Plenos de gratidão,
diante de ti nos inclinamos,
ó Fraternidade do Graal!

Iniciados benditos, que provindes
do Reino dos libertos,
guardiães do tesouro das rosas,
mais uma vez enviados.
Nesta hora do final dos tempos,
anunciais a todas as almas:
o milagre do divino Amor,
o eterno mistério do Graal,
para que, de novo, as almas
trilhem o caminho luminoso
que conduz ao Salão Superior
onde o presente se une ao passado.

Filhas do Roseiral,
rosas ainda sepultadas
no corpo de matéria,
elevam agora seu coração.
Sobre as asas da alma,
a fragrância das rosas
eleva-se até os altares de Deus.
E, na antiga "Catedral",
por seu arrependimento purificada,
flameja o Fogo, invencível.
Santuário dos Perfeitos,
estamos em vós! Deus seja louvado!

A Fraternidade, indulgente,
admite-nos em sua Graça.
Com o ser completamente
transtornado,
tomamos consciência da dívida
para com os fiéis do Deus de Amor.
E, pelo arrependimento,
o perjúrio outrora perpetrado
agora é redimido!
Escutai bater o coração da
libertação!
Suas ondas vibrantes irradiam
na substância do silêncio.

No presente consagrada,
a viva grinalda
de rosas purificadas
torna a descer, radiante,
ao longo das sendas escarpadas.
As almas cantam
a canção das rosas,
a canção da Unidade,
do Amor, da Graça
dos filhos abençoados de Deus.

E, da Catedral,
precede-os imensa,
nuvem áurea e vibrante,
como força sustentadora
que guia e protege
até o Bom Fim.

Construção e consagração do monumento "Galaad" por Jan van Rijckenborgh, Antonin Gadal e Catharose de Petri, em 5 de maio de 1957, em Ussat-Ornolac

O monumento "Galaad"

O florescimento do Império de Amor

Antonin Gadal

É com grande alegria e profunda emoção que acolho vocês hoje, 5 de maio de 1957, no centro espiritual de Ussat-Ornolac, para vivenciarmos a conferência que nos ligará, no presente, a um passado repleto de belezas gnósticas, à história gloriosa do florescimento do Império de Amor, na Idade Média – que formam o livro dos mártires da sublime fé de nossos ancestrais e nos ligam todos à dura iniciação dos perfeitos, ao maravilhoso caminho do Santo Graal.

A lembrança de tudo que nos é caro se desdobra, então, dos mistérios egípcios até a pura Gnosis dos rosa-cruzes, dos cátaros e dos templários; de Hermes Trismegisto à jovem Fraternidade Universal; do Leste ao Oeste e do Norte ao Sul.

Sem entrar em detalhes históricos, devemos indicar a vocês os lugares onde esse florescimento ocorreu. Ussat-Ornolac encontra-se na grande via migratória utilizada pelos povos do período pré-romano, como os iberos e os fenícios, ao sul da imensa Aquitânia, portanto, no centro da região gaulesa, na confluência de duas belas correntes espirituais, a dos sábios gregos e a dos não menos sábios druidas, e em meio a cinquenta e duas grutas e cavernas, joias do Sabarthez, cada uma delas mais bela e mais vasta que a outra.

Sabemos quão purificadora é a imensidão das grandes salas subterrâneas. Essa magnífica "escola de silêncio" influi no homem tanto quanto a perfeita solidão que tão maravilhosamente se presta a uma nobre meditação, a uma ardente prece que se eleva para o Divino, e, acima de tudo, ao aprendizado do discernimento relativo ao que é material e à necessidade de cultivar o aspecto espiritual; em resumo, no preparo de uma "reformação" segundo o conhecimento sagrado das leis que regulam a evolução de tudo o que se refere à natureza, à natureza divina, bem entendido.

Desde os tempos mais remotos, e em todos os países, as grutas naturais serviram de abrigo, de moradia e de lugares onde se celebravam os mistérios. Objetos de grande veneração, essas igrejas, essas catedrais subterrâneas, sempre cumpriram perfeitamente sua tarefa de centros de iniciação. Os iberos, celtas, celtiberos, visigodos e mais tarde os primeiros cristãos apostólicos, sucederam-se nessas regiões e, dessa forma, prepararam o leito do catarismo, o catarismo pirenaico, o "maneísmo da Aquitânia" da antiga Fraternidade Universal: a Gnosis em seu pleno florescimento, o ponto mais elevado alcançado pelos perfeitos no Templo do Espírito. Esse é o trajeto

triunfal do Espírito através de toda a Europa, espalhando sua semente na França, Suíça, Alemanha, nos Países Baixos e também nas Ilhas Britânicas. Infelizmente, em sua esteira se elevaram também o ódio, a cólera, a crueldade e tudo que as cruzadas, a Inquisição, os cárceres, o banimento e as fogueiras trouxeram em seus rastros...
Ah, quão longo é o caminho do Santo Graal! Quantos obstáculos a serem vencidos! Que coragem, que paciência, que perseverança foram necessárias a cada passo! Suportar o mal, vencê-lo mediante o amor, dominar o sofrimento, aceitar com paciência a instabilidade permanente da vida, aguentar! Tal é o duro destino que aguarda cada cavaleiro em busca do Graal!
Mas, não há alegria sem sofrimento! A recompensa chegará por fim. E que recompensa! Os dias ruins passaram, o mal foi alcançado pelo Amor. Um véu de vários séculos recobriu a história da Idade Média: o aniquilamento aparente da Gnosis! Mas a Gnosis, o Espírito, não pode morrer. A prova disso está na presença de vocês nestes locais de iniciação.

É para mim profunda alegria acolhê-los aqui, e sinto uma emoção interior muito grande ao dar-lhes as boas-vindas.

> Paz profunda, meus bem-amados Irmãos e Irmãs!
> Paz profunda, meus queridos amigos, conhecidos ou desconhecidos,
> conosco aqui presentes, ou ausentes neste momento!

Não podemos fazer nada melhor que colocar esta conferência sob a proteção do Consolador, do Paracleto. Recebam, pois, dele, as Belas Consolações de Belém!

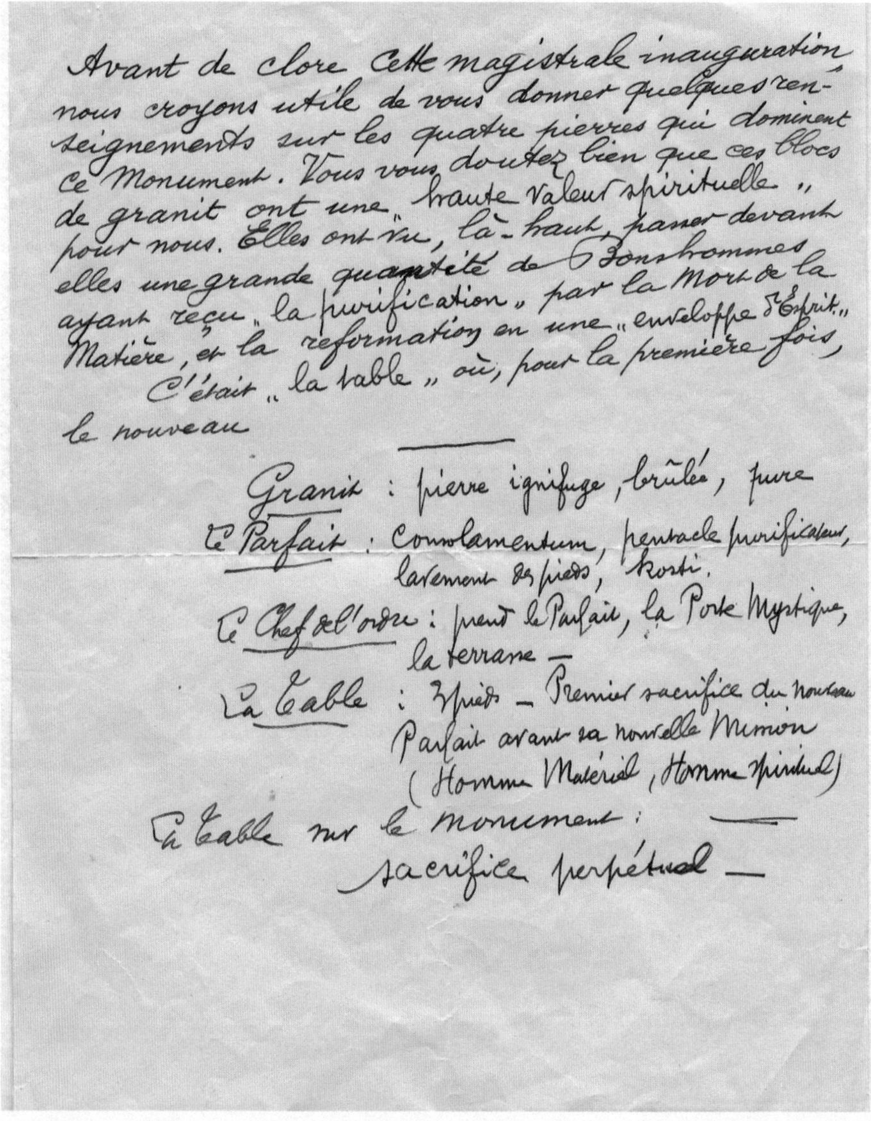

Avant de clore cette magistrale inauguration,
nous croyons utile de vous donner quelques ren-
seignements sur les quatre pierres qui dominent
ce Monument. Vous vous doutez bien que ces blocs
de granit ont une « haute valeur spirituelle »
pour nous. Elles ont vu, là-haut, passer devant
elles une grande quantité de Bonshommes
ayant reçu « la purification » par la Mort de la
Matière, et la reformation en une « enveloppe d'Esprit. »
C'était « la table » où, pour la première fois,
le nouveau

Granit : pierre ignifuge, brûlée, pure
Le Parfait : Consolamentum, pentacle purificateur,
lavement des pieds, Kosti.
Le Chef de l'ordre : prend le Parfait, la Porte Mystique,
la terrasse —
La Table : 3 pieds — Premier sacrifice du nouveau
Parfait avant sa nouvelle Mission
(Homme Matériel, Homme Spirituel)
La Table sur le monument :
sacrifice perpétuel —

Anotações de Antonin Gadal para a inauguração do monumento "Galaad"

A inauguração do monumento "Galaad"

Antonin Gadal

Antes de encerrar esta inauguração magistral, cremos ser útil dar algumas informações acerca das quatro pedras que coroam este monumento. Vocês podem imaginar que estes blocos de granito têm elevado valor espiritual para nós. Estas pedras viram, lá em cima, passar diante de si, um grande número de *bonshommes* que receberam a "purificação" pela morte da matéria e a reformação em um "envoltório de espírito". Era a mesa do altar onde, pela primeira vez, o novo perfeito celebrava o serviço, onde o novo perfeito depositava sua oferenda.

> *Granito* é uma pedra ignífuga, formada no decorrer de um processo de cristalização, durante o nascimento da Terra, sem mescla, pura.
> O *Perfeito* recebe o *consolamentum* no pentáculo purificador... o pentagrama... lavagem do pés... *kosti.*[9]
> O *Chefe da Ordem* conduz o perfeito através da "Porta Mística" sobre o terraço e o leva até a mesa do altar.
> A *mesa do altar* repousa sobre três pés... O primeiro sacrifício do perfeito antes de sua nova missão: homem material, homem-alma, homem espiritual. Dessa maneira, a mesa do altar, que coroa o monumento, simboliza o sacrifício perpétuo.

Vemos, em seguida, no belo monumento "Galaad":

> O grande *Círculo da Eternidade*, formado por doze colunas de granito: os signos do zodíaco.
> O *Cubo* de alvenaria: a perfeição, Cristo, o número quatro.
> O *Triângulo*, formado pelas três pedras de granito: a trindade do Pai, do Filho e do Espírito.

9. *Kosti:* cinturão ritual que fazia parte da vestimenta do perfeito.

Assim, 12 + 4 + 3 somam 19; porém, segundo a lei fundamental de que tudo deve voltar à fonte e, portanto, todos os números aos nove números inteiros, o 19 (1 + 9) é semelhante a 10. Dez é, então, semelhante a Um, a Unidade, portanto Deus, o Um eterno em três aspectos.

O Todo-Único, o Criador que cria em si mesmo e por si mesmo.

“Galaad”, o montão do testemunho

Catharose de Petri

O significado profundo e o valor do monumento “Galaad” no vale do Ariège se tornou ainda mais amplo durante sua construção. No coração deste sereno vale, em meio aos imperecíveis testemunhos das Fraternidades precedentes, as pessoas que contemplarem esse monumento serão confrontadas com o testemunho da Verdade. Esse testemunho é a prova visível não somente da existência de uma antiga Fraternidade gnóstica, mas também a de uma jovem Fraternidade gnóstica muito viva e dinâmica atualmente. Esse monumento exprime simbolicamente que a Tríplice Aliança da Luz, Graal, Cátaros e Cruz com Rosas, não é um simples rótulo, mas o testemunho da imperecível verdade. A Tríplice Aliança da Luz sempre existiu, ela é desde a origem dos tempos e permanecerá até o longínquo futuro, sim, até a eternidade.

Havíamos solicitado aos irmãos que viajaram a Ussat-les-Bains, para os preparativos, a construção de um monumento simples, exprimindo o símbolo agora tão conhecido por nós: círculo, quadrado e triângulo. Pensamos numa superfície plana em forma de círculo, sobre a qual seria colocado um cubo, com uma pedra sideral em cima. Pedimos então aos nossos obreiros que submetessem nosso projeto ao senhor Gadal, que refletiu sobre ele, e um milagre se produziu. O senhor Gadal sentiu-se impulsionado a nos propor e permitir que colocássemos sobre o quadrado superior do cubo, como coroa simbólica, a mesa do altar que era parte integrante do santuário de Belém.[10]
Era atrás dessa mesa do altar que o novo perfeito, que acabara de ser iniciado em Belém, realizava seu primeiro serviço. Cada “perfeito”, cada “puro”, guardava profundamente em si a lembrança sagrada das horas sublimes vividas no santuário de Belém. E foi esse símbolo, esse símbolo original, que nós, jovem Fraternidade gnóstica, recebemos das mãos do senhor Gadal, guardião das grutas de Ussat-les-Bains.

Por meio desse monumento no vale do Ariège, a jovem Fraternidade gnóstica testemunha que, efetivamente, também deseja colocar-se sobre o “quadrado da construção”. Todos nós, como alunos, trazemos a nossa oferenda, e a Corrente Universal dos

10. Mais precisamente: da gruta dos Cavaleiros, que se encontra diante do grande terraço que leva à gruta de Belém.

Predecessores respondem com sua bênção não menos efetiva. Desse modo, o passado e o presente se fundem em um "ser" absoluto.

No centro do monumento, com o documento, estão reunidos no coração do cubo o passado e o presente, símbolo da unidade e da universalidade:

1. um pedaço de chumbo do telhado do castelo de Montségur;
2. uma pedra do telhado incendiado de Belém;
3. outra pedra proveniente do telhado incendiado de Belém;
4. um fragmento de cerâmica proveniente das oficinas das "Igrejas";
5. um meteorito encontrado no "grande cemitério";
6. e 7. dois *lapidis ex coelis*, isto é, dois meteoritos de natureza muito especial. Uma "pedra do céu" é uma pedra de natureza sideral, um meteorito; porém, um *lapis ex coelis* é uma pedra ofita, uma cristalização de forças.

Todos esses atributos do passado foram depositados no interior do cubo pelo próprio senhor Gadal. Desse modo, o lendário tesouro da Gnosis foi colocado à disposição da jovem Fraternidade gnóstica.

No livro do Gênesis (31:43–55), lemos o seguinte:

> Então, respondeu Labão a Jacó: As filhas são minhas filhas, os filhos são meus filhos, os rebanhos são meus rebanhos, e tudo o que vês é meu; que posso fazer hoje a estas minhas filhas ou aos filhos que elas deram à luz? Vem, pois; e façamos aliança, eu e tu, que sirva de testemunho entre mim e ti. Então, Jacó tomou uma pedra e a erigiu por coluna. E disse Jacó a seus irmãos: Ajuntai pedras. E tomaram pedras, e fizeram um montão, e comeram ali sobre aquele montão.
> Chamou-lhe Labão Jegar-Saaduta; Jacó, porém, lhe chamou Galeede.
> E disse Labão: Seja hoje este montão por testemunha entre mim e ti; por isso, se lhe chamou Galeede e Mispa, pois disse: Vigie o Senhor entre mim e ti e nos julgue quando estivermos separados um do outro. Se maltratares as minhas filhas e tomares outras mulheres além delas, não estando ninguém conosco, atenta que Deus é testemunha entre mim e ti. Disse mais Labão a Jacó: Eis aqui este montão e esta coluna que levantei entre mim e ti. Seja o montão testemunha, e seja a coluna testemunha de que para mal não passarei o montão para lá, e tu não passarás o montão e a coluna para cá. O Deus de Abraão e o Deus de Naor, o Deus do pai deles, julgue entre nós. E jurou Jacó pelo temor de Isaque, seu pai. E ofereceu

Jacó um sacrifício na montanha e convidou seus irmãos para comerem pão; comeram pão e passaram a noite na montanha. Tendo-se levantado Labão pela madrugada, beijou seus filhos e suas filhas e os abençoou; e, partindo, voltou para sua casa.

Amigos, ao confiar assim à terra uma herança puramente cátara em sua doutrina e em sua magia, ao oferecer, pois, uma matéria pura à matéria da morte, uma espada foi fincada na terra terrestre; essa espada liga o mundo e a humanidade a uma força de julgamento, a um rompimento, em benefício de cada fraternidade gnóstica vindoura. Todo corpo-alma e, por conseguinte, também o corpo etérico da Escola Espiritual, projeta para o exterior uma luz em direção de seus polos magnéticos, atraindo assim aqueles a quem sua projeção luminosa se dirige. Podemos deduzir que uma luz se eleva da gruta do nascimento, da terra-terrestre, e como a estrela de cinco pontas, a veste etérica da alma quíntupla e, portanto, o corpo etérico quíntuplo da Escola Espiritual, irradia para o céu da manifestação. Então ficará evidente se na gruta do nascimento existe uma vida, uma busca pela Pátria universal, ou se a antiga serpente do fogo horizontal continua aí reinando e aí se mantendo. Caso a estrela, semelhante à estrela de Belém, irradie, com a ponta voltada para a única vida divina universal, então os sábios, os gnósticos de outrora, partem do país do sol nascente do Espírito, pois eles viram a estrela resplandecer no campo de radiação magnético! Com alegria e gratidão, eles veem a entrada, a progressão e a ascensão de uma jovem Fraternidade gnóstica verdadeira no campo dos que se libertaram da matéria!

Segundo as leis imutáveis das radiações magnéticas, a jovem Fraternidade gnóstica recebe o ouro do Espírito, o incenso da ligação com a Fraternidade das Almas imortais e a mirra da libertação absoluta da alma-espírito. Sobre essa base, a jovem Fraternidade gnóstica recebeu a realeza do grão-mestrado. O sábio era... o antigo patriarca, que demonstrava sua grandeza mediante sua humildade! Foi assim que a festa gnóstica da Paz de Belém pôde ser celebrada em plena consciência. Nem muito cedo nem muito tarde, mas no momento psicológico certo, no momento da prova final.
A flamejante estrela de cinco pontas irradia no campo etérico sagrado. E a graça da Gnosis está presente, guiada pelos ardentes raios do fogo do Espírito Santo sétuplo. De semelhante corpo vivo sagrado testemunhamos hoje diante de vocês, e gostaríamos também que vocês se tornassem conscientes disso! Porque, doravante, a jovem Fraternidade gnóstica deve alcançar a maturidade, florescer com alegria diante de Deus e da humanidade, com e mediante a cooperação absoluta de todos vocês.
Ingressamos num período extraordinário, de importância capital, um período de realização! E como a humanidade não está preparada, e apenas sabe semear o caos, podemos testemunhar o fato evidente de que o tempo do fim, o tempo da degeneração,

o tempo do julgamento, chegou: tudo será demolido nessa tempestade! Com efeito, todas essas dores virão. Mas, meus amigos, pudemos ver como essa grande força do Amor universal pode intervir justamente agora, como, em colaboração com essa corrente do julgamento, muito ainda pode transformar-se em bem e como essa corrente de Amor pode salvar inúmeros seres de um declínio certo.

O dia de um início totalmente novo chegou! Uma corrente de radiação nova abre caminho no Universo e se derrama neste planeta. Certamente... isso significaria sua destruição! Porém, essa radiação não tem por objetivo a destruição, mas tão somente a realização do Plano divino que é o próprio Amor. Essa é a razão pela qual o Anjo do sétimo raio diz: "Aguardai até que todos os servos de nosso Deus tenham sido selados na fronte!" Podeis ler isso no capítulo 7 do Apocalipse. Uma reação justa e inteligente, uma reação plena de compreensão, pode fazer muito pelo mundo e pela humanidade, por exemplo, captando as influências irradiadas diretamente sobre a humanidade. Esse é um trabalho de salvação destinado a um grupo preparado, bem orientado.

Imaginemos que pudéssemos formar semelhante estação de força. Então a força plena poderia derramar-se no corpo magnético da Escola Espiritual e em todos os seus órgãos, mediante nossa ligação com a Corrente da Fraternidade Universal. E ali onde a Escola Espiritual da Rosacruz Áurea e seus obreiros falhassem em sua tarefa for falta de força, a Corrente da Fraternidade Universal poderia intervir então diretamente. Um poderoso campo de radiação sétuplo, de poder incomparável, é formado agora no presente vivo, e grande força se realiza em nossa fraqueza.

Assim, uma corrente vertical liga-se a diversas atividades horizontais: a cruz de Jesus Cristo, a cruz da vitória! Mas isso é tão somente o começo! Jesus disse a seus discípulos: "... coisas maiores do que estas verás"! Porque no campo de radiação magnético da jovem Gnosis e em tudo o que nele se encontra, a ideia de libertação da Alma-Espírito será irradiada, depois o Plano divino em toda a sua pureza e em sua justa ordenança e, por fim, a pura religião. Toda mentira, toda calúnia, toda traição, tornar-se-ão simplesmente impossíveis nesse poderoso campo magnético, de onde serão banidas. E o resultado somente poderá ser um Reino de Paz!

Possa a cruz da libertação, a cruz do Amor, converter-se em grandiosa ressurreição para toda a humanidade! Com a mão de nossas ações colocada sobre Galaad, o montão do testemunho, confirmamos nossa promessa de fidelidade, amor e sacrifício à jovem Fraternidade gnóstica, à Escola Espiritual da Rosacruz Áurea, para que o bálsamo do auxílio e da consolação se confirme em nós para o tempo e a eternidade! Então, já não nos separaremos por toda a eternidade! Desejamo-nos mutuamente essa vitória, em nome do Pai, do Filho e do Espírito Santo!

O monumento "Galaad", inaugurado no dia 5 de maio de 1957, simboliza a Tríplice Aliança da Luz – Graal, Cátaros e Cruz com Rosas

O monumento sagrado

A. Spoel-de Pril

Sereno vale do Ariège,
que carrega no peito o testamento:
sangue sagrado dos antigos cátaros
– vibrante oferenda de flama –
herança dos mártires,
hoje elevados ao Bem supremo...
Neste lugar de antiga iniciação,
ergue-se agora o Monumento:
o altar onde passado e presente
se fundem na luz sétupla.

Sobre o Círculo eterno, simbólico,
ergue-se, poderoso,
o Quadrado da construção:
obra mágica dos jovens cátaros.
E da gruta de Belém,
a mesa do altar dos Iniciados
delineia o flamejante Triângulo.
Ouvi a poderosa voz
do rico passado ressoar
novamente no vale:
"Vede, o que foi outrora
é hoje revivificado,
pois a obra da Gnosis
jamais falhará".

Aqui, no antigo vale do Ariège,
ergue-se nosso sagrado Monu-
mento.
Pelos mantras consagrados,
no éter do mundo agora
sua força de luz é derramada.
Pela santa magia desse ato e
no ardor do Triângulo
renasce a ligação com a pirâmide,
símbolo da terra do Egito.
Graal, Cátaros e Cruz com Rosas,
Tri-Unidade na Corrente dos
irmãos.

E no cimo do vale do Ariège,
reina o ninho da águia abando-
nado:
Ó Montségur...! Ó ruína de fogo...!
Desde esse dia entre os dias,
o sangue, em vibrantes ondas,
jamais deixou de espalhar-se.
Éteres renovados
que purificam o imenso vale
e se elevam em espirais
até o Monumento,
baliza de fogo no coração do
Universo.

Ussat-les-Bains no Ariège,
lugar de graça na noite terrena;
o Monumento, com sua invencível
força, a região inteira irradia.
A majestade de Deus é ilimitada.
Seu Espírito, século após século,
desperta e de novo constrói,
mediante mãos de homens a Ele
devotados.
Sinais, visíveis para todos,
eles se erguem,
inquebrantáveis guardiães
do Reino da Gnosis
na nova Manhã.

Jan van Rijckenborgh e Catharose de Petri em 1953, no Centro de Conferências Internacional "Renova", em Bilthoven, nos Países Baixos

A jovem Gnosis

O processo de desenvolvimento da consciência gnóstica

Jan van Rijckenborgh e Catharose de Petri

O processo que os perfeitos das fraternidades gnósticas do passado vivenciaram lutando é o processo clássico que vale ainda hoje e sempre. Cada aluno da Gnosis é confrontado com esse processo. É por isso que lhe queremos falar do estado de ser dos membros da Ordem dos Perfeitos em seus primeiros graus.

Em seus microcosmos, dois firmamentos magnéticos são vivificados: o firmamento magnético comum, o sétimo aspecto do ser aural, e o sexto firmamento microcósmico. Isso significa que o sistema magnético do sétimo aspecto aural está inteiramente em relação com esse estado tão particular alcançado pelo que denominamos "veículo joanino". Todos vocês conhecem o caminho de João Batista através do deserto. Esse caminho do Batista culmina no encontro com Jesus, o Senhor. Lá, às margens do Jordão, no ponto mais baixo do caminho, eles se encontram face a face. E nesse instante preciso a consciência nascida da natureza "se perde", por assim dizer, como apagada da personalidade, e a alma, a alma vivente, o homem Jesus, retoma a flama da consciência. Então, o firmamento magnético do sexto aspecto aural particulariza seus raios no cérebro do jovem irmão, da jovem irmã da Ordem. A alma vive, e o Espírito entrou em seu ser. Eles festejaram a sua Belém.

A voz divina fala agora plenamente no ser e do próprio ser, ao passo que as forças da antiga *lípica*[11] são utilizadas apenas para a manutenção da personalidade, enquanto esse processo ainda não pode ser assegurado pela nova lípica. Como consequência, o novo membro da Ordem pode perceber as luzes de seu céu dialético de modo muito objetivo. Com efeito, o interesse pelas coisas deste mundo praticamente o abandona; ele está corporal e literalmente "neste mundo, mas já não é deste mundo". Ele pode, portanto, contemplar com toda objetividade e pureza a lípica do mundo e da humanidade e todas as forças que a movem, tanto as forças fundamentais quanto as forças atuais. Ele pode compará-las com as forças da sexta esfera, as da sexta esfera intercósmica, a Terra Santa da qual fala Hermes Trismegisto, forças essas que influenciam o mundo e a humanidade da ordem dialética, que, portanto, precipitam o dia do fim e determinam finalmente o desenvolvimento dos eventos apocalípticos.

---

11. *Lípica:* camada exterior do microcosmo; o firmamento magnético, o céu do pequeno mundo que forma o ser humano, constelado de estrelas, os pontos magnéticos de radiação.

Assim, o novo homem, que vive ainda na velha morada do homem-João nascido da natureza, torna-se apto para servir numerosos desígnios. Admitido na Corrente Universal, ele leva a mensagem de Jesus Cristo, nosso Senhor, até os antros mais profundos da noite. Ele se mantém, portanto, no campo do serviço, como servidor da grande obra de libertação que a Gnosis sempre empreendeu e empreenderá neste mundo.
É por isso que queremos examinar o Apocalipse de João, pois encontramos ali a imagem de um trabalho como esse. Com efeito, o livro inteiro do Apocalipse se empenha em descrever de maneira simbólica, do início ao fim, o método gnóstico mais perfeito, o processo de desenvolvimento da consciência gnóstica, da libertação gnóstica. João Batista, João em Patmos, encontra o Outro. Em certo momento, o Outro, o grão-mestre da Fraternidade Universal, está "com toda a magnificência" diante do candidato. Durante essa confrontação, o jovem irmão é integrado na Gnosis Universal. A partir desse instante, ele personifica o protótipo do irmão da Ordem dos Perfeitos, representado no Apocalipse, capítulo 1, onde lemos em seguida como esse obreiro novamente nascido recebe uma missão. Ele deve dirigir-se às "sete comunidades que estão na Ásia"; ele deve enviar-lhes sete cartas. Cartas de advertência, de repreensão, mas também de consolo. O irmão da Ordem deve começar por desenvolver uma sétupla atividade. Uma atividade que, por assim dizer, serve de preparação a tudo o que deve acontecer posteriormente.

O termo "Ásia" tem muitos significados. Ele designa em particular todos os que ainda vivem no corpo nascido da natureza dialética, mas em especial os que possuem uma assinatura específica. São designados aqui os homens passíveis de ser classificados em sete tipos, os sete tipos de seres receptivos à Gnosis. Em 1946, tivemos de empreender esse trabalho com a obra *Dei Gloria Intacta*, na qual é expressamente dito que esse livro só se dirige aos que têm a lembrança de sua filiação perdida, da Pátria perdida. Essas pessoas são irresistivelmente impelidas à pesquisa. Elas estão em busca da Luz. Podeis encontrar essa explicação no sexto parágrafo do prólogo do livro *Dei Gloria Intacta*. As sete cartas às sete comunidades da Ásia dirigem-se aos sete tipos de seres que se encontram no campo de vida atual como preparação para o que acontecerá em seguida nos domínios dialéticos, para tudo o que deve acontecer com relação à jovem Fraternidade gnóstica que se esforça por encontrar o caminho de retorno à Pátria.
Por isso, o Apocalipse nos revela tudo o que deve vir e tomar forma quando as sete comunidades se reunirem. Essas revelações começam por desvendar uma visão celeste: Deus, pleno de majestade, recebe os louvores de seres celestes no rumor de grande júbilo. Em sua mão se encontra o livro fechado, o livro selado com sete selos. Após a publicação de *Dei Gloria Intacta*, a Escola Espiritual moderna não cessou de fazer suas revelações. Durante longos anos, ela transmitiu em seu ensinamento e sua literatura a meta gloriosa do santo porvir, a grandiosa meta do caminho que

leva ao campo libertador, e, além disso, ancorou-a, tanto quanto possível, no ser de centenas de alunos. Já lhes explicamos o como e o porquê. O livro selado com sete selos já lhes foi lido muitas vezes, e continua sendo. As cenas celestes já lhes foram apresentadas. Mas todos nós sabemos que lê-los e escutá-los não é suficiente, e só indicam a direção e a orientação do objetivo que definem. O que importa é o próprio *objetivo!* O que importa é que a Rosa-Cruz seja *vivente*. Ora, a abertura dos sete selos diz respeito precisamente a esse fato.

Mas quem ousa abrir o Livro? Que criatura mortal dialética é capaz disso? Ninguém, não é mesmo? Fizeram-nos até perder toda ilusão! No entanto, é dito no Apocalipse que nenhum mortal deve temer, pois o Filho do Pai, o Filho daquele que está assentado sobre o trono, tem o poder de nos libertar. Um campo de radiação indizivelmente poderoso nos arrebatou a todos tendo em vista a realização, e seu poder libertador acompanha cada um dos nossos passos. A alma renascida que se aniquilou em Jesus, o Senhor, e ressuscitou com ele, a alma renascida unida ao Espírito, precede-nos no caminho da salvação, nós, homens centrados em nosso eu.

Por isso, falamos da Gnosis universal, da força divina da bem-aventurança, do Filho da Luz. Mas para essa realização, é preciso voltar-se para a Gnosis. É a razão pela qual nós, alunos da Gnosis, nos consagramos a ela, e decidimos tornar-nos e ser uma *Pistis Sophia*. E eis por que aparece agora o Cordeiro, a alma vivente, que abre sucessivamente os seis selos. E a multidão jubila! Mas, irmãos e irmãs, a abertura dos seis selos desencadeia grandes flagelos sobre a humanidade. Cada aluno deve sofrer seis demolições em sua vida interior e exterior. A mais terrível demolição é sem dúvida a do sexto flagelo derramado sobre o candidato. Vocês compreenderão que esta manhã não teremos a oportunidade de analisar esses seis flagelos para vocês. Mas leiam com atenção a descrição desses flagelos no Apocalipse de João e verifiquem a realidade deles em sua própria vida. Vocês saberão, então, até onde avançaram na evolução desse processo, o que já atravessaram, no meio de que fase eventualmente se encontram e diante do que ainda recuam neste momento. Cada aluno da Gnosis encontra-se evidentemente em um processo de demolição. Seis selos são assim abertos sobre vocês e sobre nós.

Finalmente chega a abertura do sétimo selo; a fase final se aproxima. É sempre um momento crítico no desenvolvimento de toda fraternidade gnóstica, pois a abertura do sétimo selo é um imenso processo, tão dinâmico, acompanhado de tal derramamento de força, que exige que, antes, todos os servidores do Senhor sejam marcados na fronte. É a razão por que lemos no início do Apocalipse, capítulo 7, que o anjo do sétimo raio clama: "Aguardai!" Ele clama em grande voz a seus seis irmãos que já verteram os seis raios sobre a cabeça da humanidade e devem agora cumprir a sétima etapa. Ele diz: "Aguardai até selarmos na fronte os servos do nosso Deus", querendo dizer com isso que o princípio do devir da alma, a base do novo estado de consciência, deve pelo menos ser estabelecido no coração e na cabeça, e mais especialmente na quarta cavidade cerebral.

Fazemos aqui alusão ao desenvolvimento do "triângulo de fogo", triângulo formado pelo fígado, pelo baço e pelo santuário do coração. É necessário que esse triângulo seja fortemente vivificado no candidato, isto é, que radiações astrais de natureza muito sutil sejam atraídas para o coração, a fim de que uma nova força se eleve do cume do triângulo e preencha totalmente o santuário da cabeça. Quando o triângulo flamejante irradia no santuário da cabeça, o desenvolvimento da alma é uma realidade. Então é colocado o fundamento do novo estado de consciência e a rosa áurea pode desabrochar. É no decorrer dessa preparação e depois dela que o sétimo raio pode ser vertido sobre o candidato.

Vocês puderam comprovar e reconhecer todos os esforços que a Escola Espiritual da Rosacruz Áurea tem feito com vocês, no decorrer dos últimos anos, para marcar com o sinal do Filho do Homem a fronte de todos os alunos, desde a Sociedade Rosacruz, do Trabalho da Mocidade até os aspectos mais elevados do Lectorium Rosicrucianum. Uma poderosa obra foi desenvolvida na Escola. Por isso chegou o momento da abertura do sétimo selo. Seis anjos se aproximam, cada um com uma trombeta na mão. Os seis anjos apareceram primeiro sob outras formas, mas agora os seis retornam. Então aparece o brilho áureo de um novo julgamento. E os seis anjos sopram suas trombetas, e poderosas radiações são liberadas no Universo dialético inteiro. Vocês compreenderão certamente que se trata aqui de seis poderosas emanações gnósticas tendo em vista uma nova demolição.

Todos esses raios estão em relação com a constituição duodécupla do corpo do homem, que no conjunto de seu sistema nervoso possui doze aspectos. Pensem nos doze pares de nervos cranianos que, do santuário da cabeça, se distribuem pelo corpo todo. Seis desses doze aspectos têm uma tarefa positiva, os outros seis, uma tarefa negativa. As seis radiações negativas exercerão, portanto, certo efeito sobre o candidato, enquanto, ao contrário, as seis radiações positivas reforçarão o processo já iniciado.

Queremos dizer com isso que o sistema nervoso inteiro, com seus doze pares de nervos cranianos, deverá harmonizar-se com o processo joanino. É por isso que doze demolições devem ocorrer. E são, sobretudo, o quinto e o sexto anjos que, ao tocar suas trombetas, ocasionam as mais duras experiências, simbolizadas pela nuvem de gafanhotos e pelos pavorosos cavaleiros do inferno. Esses símbolos representam as agitações astrais do campo de respiração do candidato.

Finalmente, é preciso aguardar o último toque de trombeta, anunciado por sete estrondos de trovão. O significado desses sete estrondos de trovão permanece um mistério. Eles dizem respeito à santa ciência dos sete raios. Trata-se aqui de um toque do Espírito sétuplo como prenúncio de um desenvolvimento ulterior. O aluno deve começar por engolir um "pequeno livro de gosto muito amargo", alusão à descida ao ponto mais baixo que cada candidato deve vivenciar até o fim na luta e na solidão. Ele será em seguida compelido, continua o Apocalipse, a medir os limites da cidade santa. "Levanta-te, e mede o templo de Deus, e o altar, e os que nele adoram. E deixa o átrio que está fora do templo, e não o meças; porque foi dado às nações [...]" (Ap 11:1–2)

Dessa maneira, a jovem Fraternidade gnóstica projetou o reino gnóstico na Europa. Ela mediu e edificou o novo templo de Deus. E todos os que pertencem à Gnosis encontraram aí seu lugar. Mas a Escola também criou um refúgio para um dos aspectos fundamentais de sua organização de trabalho: a Sociedade Rosacruz, que tem por tarefa, a seu tempo, permanecer para trás no campo de vida dialético, a fim de formar um lugar de reunião para todos os que não podem ou não querem seguir adiante.

Vivemos o período em que o Reino gnóstico deve confirmar-se no tempo. Isso começou em pleno Apocalipse com um Aleluia. E logo surgem todos os éons da natureza e suas hordas, e se lançam sobre os servidores de Deus. Dois animais pavorosos aparecem, um vindo do mar e outro vindo da terra, e procuram destruir o mundo. Mas, infelizmente, o mundo inteiro se põe a adorá-los! A obra da jovem Gnosis avança muito lentamente, progride em câmara lenta, enquanto o mundo ruge e se precipita para sua perdição. A Escola da jovem Fraternidade aparece em nossa época para afirmar-se no novo reino. E, no período vindouro, ela deverá sofrer fortes ataques. Mas eis que por ocasião de todas essas experiências, tão compreensíveis e de acordo com as leis da natureza, nasce o Cristo, ou seja, a alma se torna *vivente* no sistema de todos que são encontrados fiéis. A flama acesa no quarto ventrículo cerebral cresce. Essa flama renovará o santuário da cabeça e o organismo inteiro, de modo que, em certo momento, o Espírito sétuplo, em toda sua plenitude, poderá descer no sistema. Assim nasce Jesus Cristo. Assim a alma se liga ao Espírito. O Filho tornou-se Um com o Pai. E isso acompanhado de um desvendamento maravilhoso de todo o firmamento magnético do sexto círculo microcósmico.

Além disso, o candidato percebe o aparecimento do Cordeiro, cercado pelos libertos da Montanha de Sião. O campo astral gnóstico abre-se diante do jovem irmão ou da jovem irmã. E vocês compreenderão que esse desenvolvimento, que essas radiações, demolirão todos os obstáculos. Os raios do Espírito sétuplo, diferenciados pela nova lípica, impelem à ação no Reino gnóstico. Esses raios vertem seu conteúdo nas taças do mundo, sobre os candidatos preparados para a vida gnóstica, aniquilando, assim, tudo o que é dialético. Tudo o que é da terra terrestre e deve desaparecer chora e geme de desespero. Mas do novo céu se eleva e ressoa um hino de louvor em honra a Deus. O reino dos mil anos começou.

Pensem aqui na imagem que evoca o número do reino dos mil anos: o número Um seguido de três círculos. Em Deus, a Tríplice Aliança da Luz é inflamada na sua plenitude e se abre. Por meio de todas as provas, o reino gnóstico e o ser humano verdadeiramente gnóstico são investidos de poder e existem em perfeição. O abismo inteiro se afasta do reino gnóstico. O aluno, a Escola e o reino manifestam-se com poder no mundo. Então, depois de certo tempo, a colheita inteira e tudo o que pode ser redimido da terra é armazenado, e sobrevém a última prova: a besta é liberta do abismo e lança-se sobre o campo dos Santos. Mas, e não poderia ser de outra forma, a besta é vencida. A ressurreição dos mortos pode agora acontecer. O novo céu e a nova terra surgem e se manifestam, não apenas na existência dos que pertencem à Ordem dos Perfeitos, mas em todos e por todos os que pertencem ao reino gnóstico. A obra da Ordem dos verdadeiros viventes é assim novamente consumada.

Pensem no corpo-vivo! Pensem no discipulado sério! Se podemos de fato chamá-los de alunos sérios da Gnosis, vocês trarão em si, então, o selo do "verdadeiro vivente". Se possuem um único traço de força da nova alma, nesse caso vocês pertencem ao grupo protegido pela força do corpo-vivo. E é por isso que dizemos que o novo céu e a nova terra serão desdobrados para todos os que pertencem ao reino gnóstico. Então será novamente consumada a obra da Ordem dos verdadeiros viventes. O que importa, portanto, em primeiro lugar, não é conhecer o ensinamento em sua totalidade nem dedicar-se inteiramente ao trabalho, mas harmonizar o próprio comportamento com as leis gnósticas. A única coisa que importa é que sua vida corresponda verdadeiramente ao que a Gnosis exige. O essencial é a atitude de vida!

Demos uma rápida visão do Apocalipse e o apresentamos assim em traços gerais como o Livro das Revelações da jovem Gnosis. Esforcem-se por considerar esse livro milagroso como um programa maravilhoso de serviço perpétuo que constitui o próprio fundamento de toda a Gnosis. Gostaríamos de fazê-los sentir profundamente até que ponto a jovem Fraternidade gnóstica avança rápido de acordo com as linhas desse programa, na direção incontestável da vitória. Vocês podem observar em si mesmos em que ponto do desenvolvimento estão. Podem estabelecer em si mesmos se a nossa jovem Fraternidade até este momento permaneceu fiel à sua missão ou se ela se desviou do caminho. E compreendam bem que quem foi encontrado fiel jamais terá razão de se desesperar. Ele será liberto!

Consideramos o Apocalipse o programa sagrado de todo o trabalho gnóstico do qual uma parte foi comentada em detalhes, no ano de 1946, em nossa edição do livro *Dei Gloria Intacta*. Nenhum servidor, nenhuma servidora da santa Fraternidade, em qualquer época que seja, trabalhando e recordando as poderosas palavras do Apocalipse, jamais deu um passo sequer fora do caminho: "Se alguém tirar qualquer coisa das palavras do livro desta profecia, Deus tirará a sua parte da árvore da vida e da cidade santa, e das coisas que se acham escritas neste livro. Aquele que dá testemunho destas coisas diz interiormente e perfeitamente: Sim!"

No curso da conferência em que foi consagrado o centro Galaad em outubro deste ano de 1958, escrevemos a página atual do grande livro da jovem Gnosis, nós a escrevemos até as últimas linhas. E a página está sendo virada! O senhor Gadal, o *grand-père* da antiga Fraternidade, deixou suas funções. A Fraternidade precedente venceu os últimos obstáculos que ainda a separavam da Vida Perfeita. Ela retirou-se completamente e transmitiu todas as funções do trabalho gnóstico à jovem Gnosis.

É por isso que a nova página que viramos e, em sua pura brancura, está diante de nós, essa página branca, quando tivermos nela escrito nossa nova história, será de natureza muito particular, extremamente delicada. Um novo período de trabalho começa para a jovem Gnosis. Um período, vocês bem o compreendem, de natureza totalmente diferente do que conhecemos. Trabalharemos com nova força, e vocês vivenciarão corporalmente essa nova força.

Nesse sentido, precisamos informar-lhes algo pessoal. Neste momento a Corrente Universal nos roga que nos apresentemos em realidade como grão-mestre e grã-mestra da jovem Fraternidade gnóstica. Em 1955, no templo Renova, nos Países Baixos, o senhor A. Gadal, patriarca da Fraternidade precedente, transmitiu a nós dois essa autoridade; muitos dentre vocês estavam presentes.

Embora possuíssemos esse grão-mestrado, não havíamos feito uso dele até hoje, pois o tempo favorável ainda não havia chegado. Pois bem, no que concerne a essas coisas, uma fase se fechou atrás de nós, e uma nova fase maravilhosa se abre diante de nós. Por conseguinte, como Direção Espiritual, somente poderemos apresentar-nos entre vocês como Jan van Rijckenborgh e Catharose de Petri.

"Aquele que testifica estas coisas diz: Sim, venho logo! Vem, Senhor Jesus!"
Irmãos e Irmãs, que a Graça, o Amor e a Força de Cristo Jesus, nosso Senhor, sejam com vocês e sobre todos vocês!

Antonin Gadal com uma estatueta do Osíris verde na mão

Parte II

Antonin Gadal, patriarca da Luz

Sabarthez, custos summorum

Das profundezas da terra

Existem, tanto debaixo da terra como nos cimos,
lugares onde a humana vaidade se humilha!
Onde quem compreende a lição do abismo
pode avaliar sua fraqueza e fragilidade.

É o mundo emparedado na paz das cavernas,
onde outrora borbulhavam impetuosas torrentes,
um reino encantado cuja grandeza te cerca,
onde a pedra entoa a Deus um hino exuberante.

Aqui, mortal, cala-te; olha, admira e reflete
que teu gênio fecundo, teus mais belos trabalhos,
nada são ao lado dessas flores do silêncio,
desse labor secreto da humilde gota d´água.

Porque ali tudo é beleza, encantamento e maravilhas.
É um bosque de prata, petrificado, titânico,
e é a Catedral, em cuja sombra dormitam
górgonas encapuzadas, órgãos gigantescos.

E são palácios, campanários, cúpulas,
lagos cheios de mistério e arcos transparentes,
templos de cristal onde estranhos ídolos
parecem deuses entalhados por um escultor apaixonado.

Além, ao vosso redor, a tocha empunhada,
gera gigantes ou faz surgir gnomos,
fabulosos pastores de uma Arcádia morta,
que à noite velam seus rebanhos fantasmas!

Ralph Parrot

Eis a impressão produzida nos neófitos pela visita a nossas grutas e cavernas, sobretudo ao analisar Lombrives, a bela Catedral. Essa impressão aumenta à medida que os próprios neófitos conhecem a história, toda a história de nossos venerados santuários, nessas montanhas do Sabarthez... Não nos esqueçamos de que Jesus amava especialmente as montanhas. Os atos mais importantes de sua carreira divina acontecem nas montanhas. Os perfeitos, os puros, também encontravam ali, como seu divino mestre, Betfagé, Getsêmani, o Monte das Oliveiras; e, como ele, podiam tranquilamente entregar-se livremente à contemplação, à prece e à meditação.
Rememoremos um pouco a história de nosso antigo passado... através do mundo, através do tempo, por meio dos iniciados, cuja filosofia deu nascimento à síntese da Gnosis. Assinalaremos de passagem a influência das montanhas, a atração das grutas e cavernas... para cada um deles.

Escutemos Rama, o grande druida, no fim de sua magnífica carreira: "Não quero o poder supremo. Guardai vossas coroas... e observai minha lei! Minha tarefa está terminada. Retiro-me para sempre, com meus irmãos iniciados, a uma montanha. Dali, velarei por vós. Vigiai o fogo divino!" Ele foi para o Monte Albori, para um retiro conhecido unicamente dos iniciados. Estes partiram para longe, levando a lei do mestre, "os segredos da Natureza e do Grande Ser", até o Egito e a Occitânia... até o Sabarthez!

Mais tarde, por volta do ano 3000 antes de nossa era, permanecem as recordações de Mathura, a cidade de Kamsa, o rei cujo único sonho era dominar toda a Índia, rei seguidor da deusa Kali. No fundo de uma espessa selva se encontrava o seu templo, escavado numa montanha, imensa caverna negra cujo fundo ninguém conhecia, e cuja entrada era guardada por colossos talhados na rocha. Era a época "do grande sacrifício do fogo e da invocação a todos os devas".

E a virgem Devaki deu à luz! Ao pé "do Monte Meru, à sombra da árvore da vida", assistida por pastores, protegida pelo patriarca Nanda, Krishna nasceu. Krishna, o Radiante, viveu com seus pastores à sombra dos cedros do monte Meru. Sua fama expandiu-se por toda a Índia. O Conselho dos Brâmanes formou, ao redor dele, o "grande *Directorium* dos anacoretas". Para protegê-los, ele fez construir a cidade de Dwarka. No centro de Dwarka se encontrava o templo dos iniciados, cuja parte mais importante era subterrânea e oculta. A iniciação era secreta.

Hermes Trismegisto! Nome de prestígio... Pai dos grandes mistérios, formador desse Egito que foi, no mundo antigo, verdadeira cidadela da ciência sagrada, escola para os mais ilustres profetas, refúgio e laboratório para as mais nobres tradições da humanidade...

"Possuir o segredo dos deuses" era o objetivo da iniciação; os meios para ter êxito não faltavam: escola do silêncio, escola de meditação, escola de oração, mistérios do santuário, mistério da morte... Achar-se só, ante o céu infinito, ou isolado nas criptas subterrâneas era o papel das montanhas, da pedra em seu conjunto, das criptas subterrâneas, domínio das correntes telúricas.

Aprender a isolar-se deste mundo, elevando-se "aos domínios dos céus"; compreender que a matéria tende a desaparecer "na imensidão da pedra cavada", na solidão das galerias e dos impressionantes abismos, significa dar ao espírito o gosto de viver fora da matéria; é preparar, estando ainda vivo, o triunfo do espírito sobre a matéria; é preparar o próprio caminho da Perfeição; é, em uma palavra, alcançar a Reformação. Com efeito, não esqueçamos que nascer é morrer... por outro lado, morrer é reviver: o começo e o fim, o Alfa e o Ômega. Insisto, mas é útil compreender as bases da iniciação hermética para circular com nossos antigos perfeitos pelas galerias, pelas salas, pelos abismos de nossas grutas e cavernas, pelas "Igrejas" e pela Catedral, lugares de sua longa e árdua iniciação.

Os santuários egípcios, guardiães dos mistérios, Tebas ou Mênfis, eram colossais construções de grandes pedras que cobriam imensas grutas subterrâneas. Longas galerias eram fechadas por sólidas portas apoiadas em pilares enormes. As amplas salas guardadas por pórticos adornados com estelas e esfinges conduziam a um templo que "servia de entrada para as criptas subterrâneas". A porta era oculta por uma estátua de Ísis. Sentada, ela sustentava um livro fechado sobre os joelhos: atitude de oração, meditação, recolhimento, silêncio... O rosto de Ísis estava sempre velado. Na parte inferior da estátua, podia-se ler: "Nenhum mortal ergueu meu véu!" Era a porta do santuário secreto.

Não podemos seguir o noviço em sua longa iniciação; contudo, agrada-me poder dizer algumas palavras sobre a última parte: "Ninguém atravessa o limiar de Osíris sem haver passado pela morte e pela ressurreição!" Essa frase soava como um tilintar de sinos aos ouvidos do futuro iniciado. "Nós te acompanharemos até a cripta!" Tratava-se de uma sala profundamente escavada na rocha, sustentada por quatro pilares pousados sobre esfinges. Num canto se encontrava um sarcófago aberto, feito de mármore. O adepto deitava no sarcófago e passava ali a noite, em completo silêncio... O frio gela seus membros, a morte parece trazer-lhe sensações dolorosas... seu corpo, sua matéria, parece dissolver-se, porém a parte etérea de seu ser, pelo contrário, parece desprender-se... Ele compreende, ele vê a flamejante estrela da esperança e da imortalidade desenhar-se ante seus olhos e permanecer na tumba em que se encontra encerrado. A lagarta abandonou seu corpo material; ela transformou-se em crisálida... Ao final de três dias, "o morto era ressuscitado pelos hierofantes". Ele estava maduro para o sacrifício total, indispensável para que o corpo-espírito, após sua justificação, obtivesse sua purificação ritual e santificação no seio de Osíris. Porque a alma deve transformar-se numa "alma perfeita", assim como a lagarta deve transformar-se em inseto perfeito. Por essa razão o *Livro dos mortos* egípcio diz, no capítulo 64:

> Sou a alma divina e misteriosa que, por transformações sucessivas, busca penosamente seu caminho através da região das trevas.

Moisés, iniciado egípcio e sacerdote de Osíris, foi incontestavelmente o organizador do monoteísmo. Hosarsif, primeiro nome egípcio de Moisés, era primo de Merneptah, filho da princesa real, irmã de Ramsés II. Ele era o "filho do templo", pois havia crescido entre suas colunas. Ele passou triunfalmente pela iniciação de Ísis. Um dia, após haver matado um egípcio em um súbito ataque de cólera, refugiou-se no templo de Madian, onde muitos semitas e árabes vinham adorar o Deus Elohim, nos confins do Sinai, do deserto, do Mar Vermelho. O Monte Sinai apresentava uma escura massa de granito, desnuda e cheia de ravinas. Defronte, uma montanha mais baixa, os rochedos do Serbal, igualmente abrupta e selvagem: em seus flancos, galerias de minas de cobre e cavernas. Entre as duas montanhas, um vale negro, um caos de pedras, lúgubre: o vale da desolação...
Foi para lá que o destino impeliu Hosarsif, tornado Moisés. Chegando ao alto do Sinai, ele encontrou-se na entrada de uma caverna: essa entrada estava protegida por uma escassa vegetação de terebintos. Ali ele recebeu sua missão, e escutou a voz: "Eu sou Aquele que é!" Ao final de sua vida, ele se retirou para uma caverna do Monte Nebo.

Na Grécia de Júpiter e Apolo, apareceu um dia um jovem de linhagem real, filho da sacerdotisa de Apolo, que soube impor-se, inclusive às selvagens bacantes, orgulhosas de suas peles mosqueadas. Chamavam-no "o filho de Apolo". Ele havia estado no Egito, com os sacerdotes de Mênfis, e penetrara seus mistérios. Seu nome de iniciado era Orfeu ou *Arfa*, que significa luz e cura ou aquele que traz a cura pela luz. Ele dirigiu-se ao Monte Kaukaion, onde os sacerdotes o acolheram como salvador. Do alto do Monte Kaukaion, Orfeu transformou radicalmente o culto de Baco. Ele fundou o mistério de Dioniso, isto é, "o ensinamento da pura luz das verdades sublimes". Esse ensinamento era sempre dado aos discípulos de Delfos em uma garganta estreita e profunda, cercada de rochas escarpadas, cheia de grutas misteriosas.

O templo de Delfos! Para alcançá-lo era necessário mergulhar, entre altas montanhas, num vale tortuoso. A cada passo ele se tornava mais estreito, e a região mais grandiosa e desolada. Por fim, chegava-se a um círculo de montanhas abruptas, coroado por picos selvagens, um verdadeiro funil... Inesperadamente, no fundo do desfiladeiro, aparecia a cidade de Delfos, como um ninho de águia, sobre uma rocha rodeada por precipícios e dominada pelos dois cimos do Parnaso. Era o lugar mais sagrado da Grécia.

Ali, profetizava a Pítia... A jovem Teoclea pertencia ao colégio das sacerdotisas de Apolo. Ela recebeu Pitágoras com grande felicidade interior; Pitágoras converteu-a em pitonisa, e conscientizou os sacerdotes de Delfos de sua missão. A branca morada dos iniciados brilhava sobre uma colina. A iniciação imitava a iniciação egípcia e era praticada nas numerosas grutas do Parnaso. "Feliz daquele que penetrou os mistérios... ele conhece a origem e o objetivo da vida!"

Depois de Pitágoras, "o maior dos iniciados da Grécia", pode-se dizer que Platão deu ao fundamento primordial e universal da verdade religiosa e filosófica uma forma mais popular mediante os mistérios de Elêusis. Encantado e irresistivelmente arrebatado pelas lições de Sócrates acerca da superioridade do Belo e do Bem, Platão fundou sua "Academia".

Sua iniciação acontecera no umbral subterrâneo de Perséfone. Para compreender a vida futura e a condição atual, é necessário ter atravessado "o império da morte" e vencer as "trevas": galerias, criptas subterrâneas, sala circular profunda... O caminho da Perfeição: justificação, purificação ritual, santificação...

E assim chegamos naturalmente ao nosso centro espiritual: Ussat-Ornolac. Sigamos, em pensamento, um adepto que finaliza os árduos anos de sua iniciação no "domínio subterrâneo do Espírito"... às vezes sozinho, numa sala profunda, em total silêncio, mergulhado nas trevas; às vezes ainda só, mas em plena meditação no umbral do antro subterrâneo. Do alto desse observatório ele podia abarcar com o olhar o vale e o lago que lhe pareciam minúsculos. À frente ele via a montanha; os amontoados de rochas perdidas nos flancos... Ele retornava, em pensamento, às mais remotas eras:

> Templos de rochas naturais da Ásia Central, dos quais falam os antigos;
> mistérios da época atlante;
> os deuses Sol e Luna saindo das montanhas;
> pedras erguidas, cavernas, alinhamentos, lugares de mistérios dos antigos celtas;
> cavernas cheias de flores e fontes, consagradas ao Criador;
> costume de utilizar as grutas, as fendas, as reentrâncias, para os mistérios.

Ele se dava plena conta de que o culto divino mais antigo tinha lugar em grutas e cavernas, naturais ou artificiais, por serem lugares propícios aos encontros com a onipotente Essência criadora.

O Tabor pirenaico

Como de costume, eu tinha ido à gruta de Belém para meditar. Gosto de mergulhar meu espírito nos benéficos pensamentos que me inspiram as antigas relíquias de nossos perfeitos. O antigo e santo Pentáculo concedeu-me outrora a iniciação ritual, e sinto alegria em preparar a santificação em Cristo, supremo objetivo e recompensa do caminho para o Santo Graal.

Também acontece, nesses momentos de paz serena, que retornem recordações de acontecimentos que me marcaram profundamente e se apresentaram à minha consciência com grande força e luz. Então, é como se eu estivesse fazendo uma viagem maravilhosa com amigos muito queridos de um passado longínquo. Como são maravilhosos os momentos que vivo então! São como reminiscências de estudos e meditações com instrutores e alunos de nosso centro de iniciação! É como se tesouros espirituais fossem novamente derramados!

Foi assim que, estando eu na gruta de Belém num Sábado de Aleluia, um amigo muito querido – desde há anos desparecido deste mundo – apresentou-se a meu espírito. Permitam que eu relate quais foram suas primeiras impressões durante nosso passeio pelo Tabor pirenaico. Talvez vocês saibam que os contrafortes dos Pirineus se estendem de Ussat-Ornolac até Montségur, via pico Saint Barthélemy: o caminho dos cátaros.

> Escalei o Tabor pirenaico. As ruínas do castelo de Montségur, do século XIII, último refúgio dos albigenses, estavam ocultas por trás do altivo pico Saint Barthélemy, coberto com seu manto de neve. Eu subia por uma trilha tão difícil, da qual os camponeses frequentadores dessas paragens rochosas somente falavam com respeito supersticioso: o caminho dos cátaros.

Os albigenses... Os cátaros... O caminho dos cátaros!

Esse foi o caminho tomado pelos portadores do misterioso "tesouro dos cátaros", buscado em vão nas ruínas do castelo de Montségur e do castelo de Lordat, que, vigilante vigia, vela pelo caminho. Os velhos pastores da aldeia de Montségur falaram-me com frequência desse tesouro, sobretudo após o jantar, nas cozinhas de suas cabanas, quando estávamos reunidos ao redor do fogo crepitante da lareira.

Um dia este solo foi amaldiçoado! O Papa Inocêncio III fulminava contra ele e ordenou uma cruzada que deveria aniquilar a fogo e espada os fiéis do Oeste estigmatizados de "hereges". Todos os países responderam a esse chamado, e nossas montanhas conservaram as marcas indeléveis das lutas que os rudes habitantes travaram valentemente em defesa de sua fé. As fogueiras que consumiram milhares e milhares de albigenses extinguiram-se, foram esquecidas e...

até perdoadas. Porém as rochas guardam uma viva recordação disso! Os vestígios do fogo notam-se mais escuros, mais negros, nas rudes paredes calcárias da entrada das grutas que levam às margens do Ariège. Como é bela essa terra pretensamente amaldiçoada! É bela como uma tumba protegida por ciprestes!

Desço em direção ao Ariège, abrindo passagem através de buxos, vassourinhas, azevinhos e tojos mordiscados pelos numerosos rebanhos do umbroso vale do Ariège. Uma estranha cruz ao lado do caminho chama minha atenção: uma cruz dupla, uma viga vertical atravessada por duas vigas horizontais: a cruz dos albigenses. Grande é minha surpresa: essa cruz na França, e bem nos dias de hoje! Maior será ainda minha surpresa nas montanhas de Ussat e Ornolac... Descanso um pouco à sombra de uma nogueira gigantesca, não muito distante da cruz de ferro forjado. Uma camponesa passa por mim, puxando e empurrando alternadamente um asno recalcitrante. Ela se benze e se detém para orar com devoção... diante da cruz proscrita declarada ilegal! Um momento depois passa um sacerdote, devoto e respeitoso, tira o chapéu e se inclina... diante da cruz de João, o bem-amado! Quão magnífica e misteriosa é, portanto, essa terra!

A história conta que em 1244 Montségur caiu nas mãos dos cruzados devido à traição e que 205 perfeitos e perfeitas foram queimados em uma enorme fogueira. Ela também nos diz que, um século depois, 500 cátaros, o último vestígio das "Três Igrejas", que se haviam refugiado nas grutas de Lombrives, foram, por ordem do magistrado de Toulouse, emparedados vivos por suas tropas, e pereceram. Escalei o Tabor e busquei por essa tumba entre as rochas. Eu a encontrei...

As grutas do Ariège são imponentes; elas provocam calafrios... Eu também estremeço; não porque eu tema não voltar a ver a luz do dia. Não! Estremeço, sim, porque meus pés caminham sobre ossadas humanas e também porque, apesar do piedoso cuidado mesclado de respeito que presto a esse ossuário de nossos primeiros ancestrais, tenho a desagradável sensação de que poderia esmagar alguma coisa. Em verdade, a montanha que o caminho dos cátaros percorre é um longo e doloroso enterro de um triste passado. As grutas de Ussat e de Ornolac são túmulos.

O segredo dos que pereceram emparedados é guardado por Lombrives, uma das mais belas grutas do mundo. Sua escuridão oculta majestosas petrificações. Uma corrente subterrânea faz subir das profundezas do abismo um murmúrio surdo. As cúpulas de nossas catedrais são menos imponentes que estas: os olhos não conseguem avaliar sua altura. As paredes dessas feéricas salas devolvem, como eco múltiplo, um suave e pesado som de vozes... Em verdade, mais de uma vez senti calafrios nesses lugares!

Foi na formosa Catedral de Lombrives que experimentei pela primeira vez minha ligação, minha unidade com o mundo subterrâneo, com as profundezas da terra. Há um conto alemão intitulado *O rapaz que não sentia calafrios*. Ele teria apenas de dirigir-se à "Galerie de la Mamelle", também chamada a Galeria dos Cátaros, colocar-se sobre uma das inúmeras estalagmites e acender sua vela... Então seu coração ter-se-ia sentido oprimido pela angústia ao avistar a *fenno penjado*, a "mulher enforcada". Jamais se saberá se essa mulher enforcada é a obra mestra da Mãe Natureza, a grande artista, ou se em realidade se trata de uma mulher petrificada... Quantos dramas sinistros conservam nossas belas galerias! Que bela é a Mulher Enforcada de Lombrives! E, contudo, quando ela surgiu diante de mim, foi como se tivessem me golpeado com um bastão! Fez-me experimentar o batismo das grutas!

A sala imensa, a Catedral, é uma formidável cúpula de mais de 80 metros de altura. A impressão produzida por essa gigantesca abóbada de pedra é indescritível. O teto perde-se em trevas impenetráveis, a água escorre pelas estalactites e faz nascer estranhas formas no solo. O púlpito de Amiel Aicard, o bispo que colocou em segurança o santo tesouro de Montségur, domina a majestosa sala. Sobre as paredes, inúmeras inscrições, símbolos e desenhos. Desenhos somente encontrados nos infólios sagrados. Algumas letras se parecem com as encontradas apenas em pergaminhos amarelados; nomes sem interesse, símbolos que lembram as catacumbas. Num canto escuro de uma reentrância da muralha, um sinal chama minha atenção: uma seta. E no meio de grande número de inscrições, há uma cruz, uma cruz dupla: a cruz dos albigenses! Um pouco mais adiante, num lugar mais profundo, outro símbolo, que então não compreendi, mas que descobri mais tarde em uma gruta cujo nome era "Satanás"!

A gruta Satanás é bela, porém eu a acho sombria, carrancuda, e nela tudo contribui para causar essa impressão. Ela fica acima das Igrejas de Ussat, a uma altura vertiginosa. O vento, após ter varrido a neve dos Altos Pirineus, chora e urra através de um frio lacerante. No centro há uma pedra gigantesca, com uma inscrição sinistra e de mau agouro: OMED, que significa "Altar de Satanás". Em outra parte se encontra um espantoso ossuário e, numa dobra da parede, o símbolo de Saturno. Teria isso relação com os buscadores do tesouro cátaro, os bisbilhoteiros em busca da pedra filosofal? Vaidade das vaidades, tudo é vaidade! O que, pois, impulsiona a humanidade? O orgulho? A magia negra?

Na parede à esquerda, uma cruz solitária magnificamente esculpida, a cruz das duas vigas transversais, a cruz cátara, uma data, 1753, e um símbolo: um cálice, o cálice do Graal dos templários! Os albigenses, isto é, os cátaros, os rosa-cruzes e os templários, ou melhor dizendo: seus perfeitos, seus puros, eram magos. Eram os magos da mais elevada e pura magia, a dos mistérios egípcios. Eles adoravam o ouro, o ouro do Espírito e do Amor divino, em oposição ao ouro material e à vingança! Eles diziam: "Deus é Amor! Ele é tão bom que o próprio Satanás retornará a seu amo e senhor, retornará àquele que concede o perdão paterno!"

Ter-se-ia Satanás sentido lisonjeado com minha visita à sua gruta? Certamente que sim, pois me permitiu percorrê-la! Contudo, como bom velhaco que sempre foi, não renegou sua natureza e, antes de deixar-me entrar, fez-me suar e arfar!

A gruta de Fontanet, *Fontane-la-Salvatge* é, de todas as cavernas do Sabarthez, a mais misteriosa e a mais perigosa. Quando a visitei, alegrei-me por nela encontrar setas, ainda que, com frequência, elas se encontrassem em lugares bem distantes uns dos outros. É um prazer passear por essas galerias subterrâneas, altas e amplas, com seu chão de areia. O cenário sempre cambiante revela o encanto dos mistérios. Mas o prazer se converte em paixão quando o calor que ali reina se torna igual ao de um forno. Quando, de ventre colado ao chão, é preciso rastejar sobre as asperezas de um solo pedregoso, enquanto a vacilante chama de uma vela empunhada brilha debaixo do nariz, ou quando as pontas agudas das estalactites fazem sangrar a cabeça. Que bela metáfora para a busca do desconhecido! Que importam as dificuldades e os perigos!
Resumindo: de seta em seta, chego a uma sala magnífica com numerosas colunas cuja forma muda sem cessar. No centro, encontra-se uma estalagmite de brancura resplandecente. Cada vez que a luz da minha vela a ilumina, pode-se ver uma data: 1848. Veja só! 1848, o ano das revoluções! Minha curiosidade e meu zelo redobram. Adiante! Entro num mundo encantado, um palácio feérico de mármore e cristal. Novamente vejo-me forçado a subir; o calor torna-se pesado. Mas o cenário muda. Vejo agora uma sala, e um escrito provocante choca minha vista: "O reino de Satanás"! Abaixo, uma data: 1843, seguida de duas assinaturas e um grito do coração: "Viva a república!" Esse grito, em 1843!
O que os estranhos habitantes desse lugar esperam de Satanás? Ouro? Não! As grutas de Ornolac converteram-se, sem dúvida alguma, após a ruína e o declínio da Occitânia, no último refúgio dos infelizes condenados à morte. Também não há dúvida de que os albigenses conservam seu ideal religioso e que a Fraternidade Universal não morreu. A Ordem do Templo já não existe, os cátaros foram perseguidos até a morte; os rosa-cruzes foram declarados foras da lei. O Espírito, porém, não pode morrer! Sob a cinza sempre restam algumas brasas ardentes! Os iniciados conheciam a "elevação para o Sol espiritual". E esse Sol continua iluminando os habitantes dessa bela "República do Sabarthez"!

A cruz dupla, adornada com o cálice do Graal, fora desenhada há muito, tendo sido reproduzida em 1753. Como é estranho pensar que um eremita tenha vivido nessas grutas e elegido especialmente aquela que tem três saídas! A propósito, essa gruta conserva o nome de "Gruta do Eremita". Ela é agradável, grande, e confortável para um

anacoreta. Três pequenas grutas do mistério da morte encontram-se em seu flanco:

Kepler, Mès Naut e Ka. Atrevo-me a afirmar que esse eremita não se contentou em desenhar essa cruz com o cálice do Graal, mas que também escreveu o ano 1753 em várias grutas que conhecia.
De repente, ele abandonou sua gruta, pouco tempo depois de a Revolução ter abalado a França. É fato notório que entre a multidão convulsionada pela Revolução se encontrava um indivíduo estranho, nada brando com os sacerdotes quando encontrava com eles. A cada golpe que lhes dava, gritava: "Este é pelos templários! Este é pelos albigenses!" E quando a cabeça de Luís XVI caiu, esse mesmo "vingador" arremessou-se sobre a guilhotina, umedeceu o polegar no sangue do pobre rei e exclamou: "Povo, eu te batizo em nome de Jacques de Molay e da liberdade!" Portanto, um homem que se entronizou como vingador dos albigenses e dos templários!
Acontecimentos tão sangrentos são incompatíveis com o caráter cátaro. Eles foram o fruto de uma força invisível. Não teriam sido as "cinzas das fogueiras" que se acendiam novamente?

Sem maiores explicações, precisemos simplesmente as seguintes datas:

1843 O reino de Satanás!
1848 Cinco anos mais tarde, o rei Luís Filipe é obrigado a abandonar o Louvre.
1850 Um nobre escreve na parede da gruta do Eremita: "Quem é Deus?"

Quanto a nós, em vez de dizermos algo acerca desse Ser Supremo, guardamos silêncio e o adoramos! O mistério é grande e traz confusão ao espírito! Para dizer quem é Deus, é preciso *ser* o próprio Deus!

Repito humildemente: Para dizer quem é Deus, é preciso *sê-lo!*

As origens do catarismo pirenaico

A Aquitânia é o território compreendido entre o rio Loire, os Alpes, o Mediterrâneo, os Pirineus e o Oceano Atlântico. A origem antiga do povo aquitano inclui os askos, gascos, euscarianos, eskos, volskos, bascos e vacienos que partiram dos Himalaias dois mil anos antes de Cristo. O Cáucaso, o Ida, o Taurus, o Líbano e o Atlas são os testemunhos de granito de sua migração para o Ocidente. A Bíblia nos informa sobre o seu patriarca Askénas (Asquenaz), filho de Gomer, neto de Jafé,[12] em Gênesis 10:3. A Ilíada fala-nos de outro Askénas, o herói Ascânio (11, versículo 862).

A Ascânia era uma aliada de Tróia. A Ibéria e a Ascânia eram sua terra; Ascalão era sua cidade, e Askera, sua deusa. Partindo do monte Atlas, eles invadiram a Espanha, a Ibéria[13] do Ocidente. Dos Pirineus eles se espalharam pela Aquitânia, Itália, Gália, pelas ilhas do Mediterrâneo e do Oceano Atlântico. A Irlanda é uma Ibéria, a Escócia, uma Ascânia do Norte. Elas são chamadas Albion, ou Inglaterra, a "marítima". Na Itália, Ascânio fundou Alba, a "mãe" de Roma. Mas, desde essa época, Gascus, filho de Vulcano, habita as cavernas do Aventino, e combate Hércules, sequestrador das vacas iberas (*Eneida*, VIII). Os askos são adoradores do fogo do sol. O rito helíaco os conduz ao culto do Verbo e do Espírito. Seu cristianismo, bem como seu culto às estrelas, não possui um sacerdócio oficial. O "pai" é o sacerdote, o patriarca é o pontífice; nenhuma teocracia.

Desde o século IV, pelo mesmo caminho dos askos, chegou Marcos de Mênfis, com o culto do Espírito que seguia o carro do sol (Sulpício Severo, *Chronica* II:40–51). Marcos era alexandrino, um descendente de Orígenes. Sua ascendência remontava às Sete Igrejas da Ásia. Seu patriarca era João de Patmos e também Bartolomeu, apóstolo da Pérsia e da Índia. Sua escola remonta a Montano, 141 d.C., e era a Igreja do Espírito, de Mani (*mens*, espírito) e do Conhecimento (Gnosis), a Igreja do Amor, do Paracleto, um ramo puro, purificado, da grande floresta do gnosticismo.

Marcos de Mênfis levou essa doutrina para a Espanha. Prisciliano de Ávila, seu discípulo, transmitiu-a à Aquitânia. Prisciliano, acusado por Idax e Didax, dois bispos intrigantes, foi decapitado em Treveris, na Alemanha, pelo tirano Máximo. Sua memória foi defendida por Martin de Tours, e suas cinzas levadas de volta triunfalmente à Espanha no ano 382, em meio a preces e cânticos. Quando Marcos de Mênfis chegou à Espanha, Leão I de Roma pregava na Itália. Ele dizia ser filho de Paulo, assim como Marcos era filho de João. Pouco depois da morte de Prisciliano, Vigilance de Caligurris visitou a

---

12. Jafé: um dos filhos de Noé.
13. Nome de origem grega dado à Península Ibérica, também dado a um país situado entre o Grande Cáucaso e a Armênia, quase equivalente à atual zona da Geórgia (N.T.).

Itália, a Palestina e o Egito, e teve contatos com Sulpício Severo, Paulino de Nola, Jerônimo e Exupério de Toulouse. Ele prega sua reforma paulina e bíblica nos Pirineus, e desaparece na insurreição das bagaudas.[14]
Prisciliano e Vigiliance desaparecem, porém suas igrejas se mantêm sob os bárbaros. Elas crescem da ruína dos godos e se tornam a alma espiritual dos Pirineus. Elas encarnam nos *jaounas*[15] cantabros de Toulouse. Os *jaounas* lutam contra Carlos Magno, que impõe o catolicismo, provocam o drama de Roncevaux e impedem, por quinhentos anos, que os bispos carolíngios se estabeleçam ao pé dos Pirineus.
No ano 1000, essas igrejas ainda existem. Os discípulos de Marcos e de Prisciliano haviam expandido suas comunidades. Alguns, aliás, haviam retomado o caminho para a Gália e a Alemanha, caminho esse tomado antes por Prisciliano, como também o fizera Félix, bispo de Urgel, aprisionado por Carlos Magno em Aix-la-Chapelle, no ano 800. Em 1008, o "priscilianismo" sobe às fogueiras de Orléans com Lisois. O "vigilantianismo" é perseguido por Gandolfo durante o Sínodo de Arras (1025). Mais tarde, encontramos Valdo e Nicetas. Sua genealogia espiritual permanece Patmos e Jerusalém.

O albigeísmo, nome consagrado pelas cruzadas, é, portanto, um ramo da Igreja de Mani e do Paracleto (Mani, do latim *mens*, ou espírito; daí, Manes, maniqueu, Mani, maniqueus). Não devemos confundir – como o fizeram intencionalmente os Concílios que queriam ver-se livres dos cátaros ou dos "albigenses" – o "maneísmo" e maniqueísmo. Marcos de Mênfis e Paulo de Armênia não são discípulos de Manes. Ambos provêm do catarismo de Montano (140) e passaram pela Escola de Alexandria. Eles são de alta linhagem "e têm o alexandrismo como a mais transcendente teosofia do mundo grego e do asiático como as mais amplas sínteses religiosas do mundo indiano".
O grande itinerário desses movimentos espirituais passa pela Ibéria (Espanha), pelos Pirineus e por Andorra, chegando até o Sabarthez (Alto Ariège), onde as cinquenta e duas grutas e cavernas abrigam crentes e proscritos e servem de centro de iniciação dos perfeitos, puros ou *bonshommes*, os sacerdotes cátaros. Os antigos círculos druídicos que os celtas, mesclados com os iberos (os celtiberos), haviam instalado nos platôs pirenaicos receberam os primeiros apóstolos gnósticos. Eis por que cada platô elevado do Sabarthez viu a expansão de uma numerosa família proveniente do mesmo ramo do Espírito: os cátaros no vale do Ariège, os rosa-cruzes no vale de Sem, os templários, mais além, no vale de Vicdessos e no castelo de Montreal de Sos. As "Três Igrejas" de iniciação dos perfeitos – Ussat, Ornolac, Bouan – e a Catedral dos albigenses abrem ainda hoje suas amplas galerias aos visitantes cheios de admiração.

---

14. *Bagauda:* nome dado a certos grupos rebeldes bandoleiros contrários ao poder imperial romano. Seus membros costumavam ser camponeses oprimidos pelo fisco.
15. *Jaouna:* senhor, chefe dos bascos, eusques e iberos dos Pireneus.

Toulouse torna-se a cidade santa, e, portanto, pura, *mundino*.[16] Ela não dá seu nome ao catarismo aquitano: essa honra pertence a Albi. O Concílio de Lombers (1165) condenará sob o nome de albigenses todas as seitas que se afastavam do dogma romano. Daí a "Cruzada contra os Albigenses", com o fito de alcançar a meta perseguida: o aniquilamento do catarismo pirenaico, do maneísmo aquitano. Desse grande território aquitano, após os horríveis episódios das cruzadas, nascerão "as epopeias teológicas" e uma guirlanda de mulheres brilhantes: Lampagie de Aquitânia, Esclarmonde de Foix, Alazaïs de Carcassone, Indie de Alepo, Mélissande de Trípoli, e a seu lado, seus irmãos, os paladinos do Espírito, os cavaleiros do Consolador: Ramon-Roger de Foix, apelidado de Rolando cátaro, Roger-Bernard de Foix, chamado o Grande, Loup de Foix, o príncipe perfeito.

Centros importantes surgirão durante esse período: Béziers, Minerva, Lavaur, Montségur e o Sabarthez! Porém, os rudes capetianos extinguirão, com mão de ferro, a engenhosa Aquitânia, poética, cavalheiresca, amante do ideal. O Império de Amor da Occitânia será coberto, durante séculos, por um manto de esquecimento. O Santo Graal, contudo, estará sempre vivaz, e seu eterno caminho em Cristo conduz nas pegadas dos antepassados: suas cidades, seus solares, seus sepulcros; as grutas dos santos, as florestas dos "infelizes *faidits* dos bosques"; os campos de batalha, a rota dos cruzados. A terra... e o céu são testemunhas incorruptíveis...! Deus é Amor! Seu belo grito ficou gravado em toda a terra occitana. Por isso o *félibre*,[17] o poeta, pôde escrever:

Como um expectador, reúnes em ti nossas desgraças,
Guillaume de Tudelle[18] *e Guilhabert de Castres,*[19]
O Homero romano e o pontífice cátaro![20]

---

16. *Mundino*, palavra occitana que significa puro; remete à ideia cátara de puro, de perfeito.
17. Fréderic Mistral, o poeta occitano por excelência, criou essa irmandade de poetas, os Félibres (N.T.).
18. Guillaume de Tudelle era trovador na corte dos condes de Foix (N.T.).
19. Guilhabert de Castres, eminente bispo cátaro, diretor do sacerdócio de Ornolac (N.T.).
20. Escrito por Auguste Fourès a Napoléon Peyrat, conhecido como o "clarim da Aquitânia" (N.T.).

"O boieiro" ou "O canto de Joana"[21]

Quan lo boyer bén de laurar *Planta son agulhada* *A, E, I, O, U* *Planta son agulhada.*	*Quando o boieiro chega do labor,* *planta sua aguilhada* *A, E, I, O, U* *enterra sua aguilhada.*
Troba Joana al pè del foc *tota despandrolhada* *A, E, I, O, U* *tota despandrolhada.*	*Encontra Joana ao pé do fogo,* *toda desconsolada,* *A, E, I, O, U* *toda desconsolada,*
Sè n'ès malauta, digas-oc *té farém un potage* *A, E, I, O, U* *té farém un potage.*	*Se tu estás doente, diz-me* *Eu te farei uma sopa.* *A, E, I, O, U* *Eu te farei uma sopa.*
Ah una rava e um caulet *una lauzetta*[22] *magra* *A, E, I, O, U* *una lauzetta magra.*	*Ah, uma raiz, um repolho,* *uma cotovia magra* *A, E, I, O, U* *uma cotovia magra.*
Quand serai morta, rebond-mé *al pus priou de la cava* *A, E, I, O, U* *al pus priou de la cava.*	*Quando estiver morta, promete-me* *levar-me ao mais profundo da gruta* *A, E, I, O, U* *levar-me ao mais profundo da gruta.*
Met-mé les pès à la pared *lo cap jos la canela* *A, E, I, O, U* *lo cap jos la canela.*	*Coloca-me os pés contra a parede* *a cabeça sob a pedra* *A, E, I, O, U* *a cabeça sob a pedra.*
Tots los Ramieux qué passarán *prendran aiga lustrada* *A, E, I, O, U* *prendran aiga lustrada.*	*Todos os romeiros que passarem* *tomarão a água lustral* *A, E, I, O, U* *tomarão a água lustral.*[23]

21. Joana é o nome dado à Igreja cátara.
22. *Lauzetta, alouette*, em francês (cotovia) – louvor, prece do Espírito que, como a alma, sobe aos céus.
23. Para os Perfeitos cátaros a água lustral era a água pura que, nas grutas, escorria pelas estalactites.

Et diran, "Cal es mort ayssi
aco's la paura Joana
A, E, I, O, U
aco's la paura Joana".

E dirão: "Quem está morta aqui
é a pobre Joana
A, E, I, O, U
é a pobre Joana".

O Alfa e o Ômega

A gruta de Belém com a mesa do altar

O caminho do Santo Graal

O Pentagrama,
Pentalfa luminoso,
Estrela dos magos,
Estrela de Belém,
Beth-oe-loïm,
Panem super consubstantialem.

A terra dorme!
No alto, eu brilho…
Na orla da Morte,
Por mim, o Alfa cintila!

De fato, é em Belém que o Pentáculo, ao livrar o homem da matéria – depois de ele receber o *consolamentum* – elevava o homem-espírito acima do homem-matéria, libertando assim o homem superior mediante a santificação em Cristo!

O caminho é árduo, cerrado; devemos desobstruí-lo diariamente, seguir passo a passo, não como anjos que não podemos ser, mas como simples mortais… que devem ter a aspiração e a vontade de sê-lo, a fim de devolver à matéria seu papel espiritual de suporte do Espírito.

Poucas palavras, mas, olhando mais de perto… contudo, quantas meditações, a conceber face a face com o Altíssimo! Isso é o que dá serenidade, o que eleva, o que molda o supra-homem cujo caminho conduzirá a Cristo, à perfeição… e por meio da perfeição, à santificação.

Os *bonshommes* eram superiores, "fortes" dito mais simplesmente. Devemos compreender que essa é a causa da imensa colheita espiritual no Ocidente, na bela época do Império de Amor! Façamos, pois, o possível para assemelhar-nos a eles, para aproximar-nos do Divino Mestre. Sem nenhuma fanfarronice, sem a menor ambição; modestamente, humildemente, como seres de carne que ainda somos, à espera do dia em que nos tenhamos tornado Homem-Espírito!

O caminho da perfeição "é longo… e duro". É a vontade que abre a porta ao "poder"! Se ele o quiser e o puder!

Deus é Amor! Sim, para os bons, para os justos, para os *katharoi* de Cristo! Para os que sabem chegar à sua santificação em Cristo… E, como compreenderão, para os que se elevam naturalmente, sem ostentação, sem ambição, sem desejo, acima dos pedantes que lançam palavras, frases pomposas... que nada significam.

O trabalho santifica o homem... portanto, o trabalho antes de tudo! É bom, além do labor, elevar-se cada vez mais em espiritualidade; porém, não se deve esquecer que o primeiro degrau de qualquer iniciação é o trabalho.

"O caminho do Santo Graal"! Elevar-se, sempre com modéstia. Somos tão pouco quando sabemos reconhecer esse Um, que sabemos ser imortal em um mundo desconhecido! Mas, ao reconhecer nossa ignorância, é-nos permitido tentar reduzi-la diariamente, o que nos levará a uma justa superioridade, a uma sã compreensão dos mistérios que nos cercam.

Religião? A palavra importa pouco. "Estado de alma", sim! Ele eleva acima das religiões, das diversas políticas, dos pensamentos materiais e das mentalidades humanas que se agitam no Vazio! Ele nos eleva até mesmo do Vazio, quando o mistério da morte nos é familiar. E esse mistério deve ser: o Alfa e o Ômega do divino Mestre.

Cristo apareceu aos amigos de Deus, antes de tudo, sob a forma de um médico celeste. O Terapeuta imortal vinha curar o pecado, esse câncer do mundo. A medicina preventiva, a "paz profunda" dos perfeitos, consiste em:

uma vida perfeitamente equilibrada,
a fuga de todos os excessos, inclusive os espirituais e morais,
uma grande calma de espírito,
grande asseio do corpo,
uma temperatura constante, um pouco mais fria do que quente,
uma habitação bem arejada e ordenada,
refeições regulares e proporcionais ao apetite, satisfazendo-o sem excitá-lo,
alimento simples e substancioso,
deixar o trabalho antes de chegar à fadiga,
exercitar-se moderada e regularmente,
nunca irritar-se ou excitar-se demasiado à noite,
para que a maior calma possível preceda o sono...

Em resumo, levar uma vida perfeitamente regrada e apreciar o asseio físico e moral. Com semelhante vida, é possível prevenir todas as enfermidades que sempre se

apresentam sob a forma de indisposições fáceis de combater com os remédios mais simples e suaves. O conhecimento das ervas e das plantas era parte importante da arte dos *bonshommes* cátaros. É a medicina do corpo; uni-la à medicina das almas era, pois, seu trabalho cotidiano. As "Igrejas", suas moradas, eram os hospitais da alma. De todos os pontos do horizonte, os peregrinos, os *roumious,* chegavam em multidões para serem curados de suas "enfermidades morais".
As grutas, os abrigos dos puros, eram igualmente locais que continham as "piscinas santas" do Espírito. Os estrangeiros participavam dos *ágapes,* as santas refeições dos primeiros cristãos; eles recebiam o Pão consagrado e o Vinho da Vinha do Senhor, e, rito supremo, o "beijo da Paz", que transmitia o Espírito Santo. E eles retornavam, consolados...

A doutrina é João, é a do verdadeiro discípulo de Cristo. Contudo, teremos nós compreendido bem o que João "quer explicar-nos"? A transfiguração e a ressurreição, bases inabaláveis do cristianismo, por exemplo, seriam bem explicadas pelo vigário de Cristo? Digo "explicadas" porque sei que o esoterismo dos sábios pontífices nada tem a ver com o vulgar "exoterismo" aplicado em muitas regiões.
Cristo fez de maneira divina a síntese de todas as filosofias passadas e suprimiu o famoso "vazio" dos cérebros que se dizem fortes. Mas esse Vazio, esse mistério da morte, permanece sempre para quem não quer compreender. O perfeito, o cátaro, simplesmente sabe: "Eu sou o Alfa e o Ômega, o começo e o fim". Por isso seu "caminho do Santo Graal" lhe é normal, simples, torna-o mestre de si mesmo, discípulo dócil, superior, sem exibi-lo ao mundo, e o coloca modestamente acima de toda seita, de toda religião e de toda política. É um estado da alma estabelecida em Cristo, e assim tudo está dito!
Sei que posso falar-lhes desse modo. Vocês passaram por todas as angústias de uma consciência em nascimento; chegaram ao momento de recuperar a Paz do Coração!

"Voltem às antigas tradições!"... Sim, essas antigas tradições, essa sublime síntese cristã, infelizmente ainda pouco conhecida, até mesmo dos que deveriam difundi-la prodigamente! Sobretudo a iniciação que leva à "santificação em Cristo", e que vocês devem amar mais que tudo! A santificação, meta suprema do "caminho do Santo Graal"! Ser discípulo de Cristo, sem intermediários. Homem-Espírito, na matéria ainda indispensável, mediante a transformação... sim, o perfeito era forte, o perfeito era superior, e ele o provou!
Em verdade, de Rama, o Arquidruida, a Hermes Trismegisto, de Hermes a Pitágoras, de Pitágoras a Virgílio, de Virgílio a Dante, é a mesma corrente espiritual e secular que flui. Celtismo e pitagorismo são irmãos; druidismo e cristianismo se complementam... e não por acaso... Bem disse Agostinho: "O que hoje denominamos religião cristã nunca deixou de existir desde a origem do gênero humano!" Cátaros, templários, rosa-cruzes,

encontraram suas raízes nos centros druídicos; e os celtas, chegados do norte depois dos iberos que vinham da Ásia, haviam unido suas teogonias mais ou menos claras às magníficas tríades druídicas.
No livro *No caminho do Santo Graal,* sobre a iniciação dos perfeitos em nossas queridas grutas, tentei mostrar como se alcança a santificação em Cristo por meio dos mistérios do belo Egito. Muitos ficarão surpresos de ver o catarismo como servidor do Divino Mestre... E não obstante, assim é!

É bom vez por outra levar em conta o esoterismo, contudo não devemos deixar-nos enredar por ele. Digo "enredar" porque se passa dias e noites fatigando-se tremendamente para "encontrar" uma conclusão. É uma espécie de gulodice cerebral, em detrimento do cérebro. Por isso, dizemos com Boileau:

> Vinte vezes retomai vossa obra,
> aperfeiçoando-a sem cessar, e tornai a aperfeiçoá-la...

O que Cristo nos ensina ao longo de toda a sua divina missão é: "Eu sou o Alfa e o Ômega"... Porém, entre o alfa e o ômega há outras letras que devemos conhecer: não podemos falar de perfeição desde o início. Do mesmo modo, a busca pelo Graal é um caminho, um longo caminho, árduo e semeado de obstáculos. Onde estaria o mérito se assim não fosse? Onde estaria o valor moral de uma pessoa com seus pequenos desequilíbrios, suas cóleras passageiras... que sabe reconhecê-las, mas não reage para livrar-se desse defeito, que afinal são tão pequenos? E quantos pequenos defeitos terão de ser vencidos para alcançar certa sabedoria! A evolução se realiza pouco a pouco; o Espírito vela em seu Pentáculo!

Paz profunda! Belas consolações de Belém!

Lux lucet in tenebris

A luz brilha nas trevas

Em nossas conversas anteriores falei sobre o antigo Egito, o belo Egito de Hermes Trismegisto. Falei também que Moisés, grande iniciado, havia haurido nos santuários egípcios a elevada ciência de seu irmão mais velho Três vezes Grande. A seguir, veremos como esses mistérios foram conservados para nós. Gostaria de colocá-los sob a impressão da profundidade espiritual de algumas conversações que tivemos, abordando a magnífica divisa de nossos grandes ancestrais, a divisa da Fraternidade Universal: *Lux lucet in tenebris* - A luz brilha nas trevas!

Duas colunas erguiam-se na porta do Templo de Salomão, Joaquim e Boaz, nomes que significam:

> Força em si mesmo, cujo símbolo é: sol, ouro.
>
> Força no outro, cujo símbolo é: lua, prata.

Essas duas colunas eram de mármore, a primeira de mármore branco, a segunda de mármore negro, ambas coroadas por um capitel em forma de flor-de-lis e duas grandes romãs compostas de inúmeras menores. Eis aí o símbolo da harmonia universal da Natureza divina, símbolo dos "três Mundos" no caule, na flor e no fruto. Como a unidade nos Elohim. Ademais, as duas colunas eram ocas. Elas continham os caules das duas árvores do Jardim do Éden: a árvore da Ciência e a árvore da Vida. Dizemos apenas que elas representavam essas duas árvores de maneira simbólica, uma como doadora da vida ou do dia, a outra como doadora da morte ou da noite. Mas... a morte prepara para a vida, a noite anuncia o dia.

Assim também eram os obeliscos na porta dos templos egípcios. Entre os símbolos da alta iniciação hermética, vemos o aluno, nu e de joelhos, diante da primeira coluna com a seguinte inscrição: "Minha força está em Deus" (Boaz). Junto à segunda coluna que traz a seguinte inscrição: "Persevero no bem" (Joaquim), encontra-se o iniciado de pé, vestido e com os olhos vendados. Trata-se, a seguir, de unir a fé e a inteligência. Acaso vocês não percebem em tudo isso despontar a transfiguração, a transformação, as metamorfoses, ou, em uma só palavra, o mistério da morte? Ainda nos encontramos um pouco nas trevas, e temos pressa de sair delas!

Ninguém se surpreenderá se dissermos que as letras representavam arcanos sagrados. Tomo como exemplo a terceira letra do alfabeto mosaico. Repito que Moisés era e continuou a ser um hierofante superior.

A terceira letra hebraica - *guímel* - representa uma taça que derrama seu conteúdo, uma antiga representação do Graal. Em caldaico ela representa os mistérios do nascimento. Em siríaco, uma serpente que morde a própria cauda, símbolo da geração eterna. Em nossa escrita, ela representa o número 3. Nosso 3 é:

1. o Pai
2. a Mãe
3. o Filho

ou:

1. Osíris
2. Ísis
3. Hórus

Explicamos:

1. o Espírito
2. o Pensamento
3. o Verbo

em linguagem esotérica:

1. o Ser
2. o Movimento
3. a Vida

ou:

1. Liberdade
2. Dever
3. Poder

Verdade e Paz profunda!

Esta terceira letra, nosso 3, é de importância capital para o aluno: é a Luz manifestada em sua plenitude.
Sigam-me atentamente:

> Ele... os Elohim... ele disse... faça-se luz... e luz se fez!

Podemos, então, pressentir aqui o "divino pentagrama" de Belém:

> Ele... 1
> Os Elohim... 2
> Ele disse... 3
> Faça-se luz... 4
> e luz se fez... 5

É a "Gênese" da luz expressa por essas palavras.

Observemos, e é o que queremos demonstrar, que o começo do Evangelho de João explica a Gênesis expressa por Hosarsif (o nome do hierofante Moisés), o grande iniciado egípcio e sacerdote de Osíris:

> *In principio... erat verbum... et verbum erat apud Deum...*
> *et Deus erat verbum... et lux in tenebris lucet!*

> No princípio... 1
> era o Verbo... 2
> e o Verbo estava com Deus... 3
> e o Verbo era Deus... 4
> e a luz brilha nas trevas... 5

Eis a estrela flamejante, o pentáculo de Belém, que revela o espiritual ao material, o *consolamentum* dos perfeitos. Os *faidits*, os proscritos, jamais abandonaram sua divisa! Temos de reconhecer que através das trevas da história, a luz divina brilha mais que nunca, portando a verdade plena e total.

Com esta surpreendente informação diante de nós, dirijo-me em particular aos jovens, a esperança do futuro. A eles mostramos:

1. a influência que têm, na formação espiritual, os grandes silêncios, os grandes horizontes, as imensas entranhas da terra, onde o ser se sente pequeno, tão pequeno... ante as maravilhas do Criador;
2. a reformação da matéria durante os dias da iniciação, dias árduos, longos e austeros, para alcançar uma "visão clara" da transformação, depois da santificação em Cristo, pelo sacrifício total do homem.
3. Esses dados explicam as sinuosidades do caminho do Santo Graal, que necessariamente devemos todos seguir nas três fases obrigatórias de nossa vida: formação – reformação – transformação.
4. Desse modo, mostramos a eles "a luz fendendo as trevas"!

Guardem bem nossa divisa, meus jovens amigos! E se, por acaso, em alguns momentos vocês sentirem cansaço ou desalento, pensem na *lapis ex coelis*, a pedra pura do céu, e repitam com amor: *Lux lucet in tenebris* – A luz brilha nas trevas!

A religião do Espírito consolador e purificador

A religião do Espírito consolador e purificador, tão antiga quanto a dor e o mal cujas feridas ela deseja curar, remonta aos primeiros dias do mundo. Antes de Cristo, de quem foi como a aurora, ela projetou seus raios sobre os brâmanes da Índia, os magos da Pérsia e os essênios da Judeia; sobre os gregos, em Pitágoras e Platão. Depois de Cristo, assim como para todos os gnósticos, é de Platão que ela provém para o pensamento e de Pitágoras para a sabedoria do coração, guardando no Oriente, desde as Alturas, sua flama virgem: flama celeste numa lâmpada grega. De inspiração alexandrina, a religião pura do Espírito distingue-se do neoplatonismo por rejeitar todas as mitologias, tradições órficas, homéricas e olímpicas, como também por sua ligação com Cristo por intermédio de João! Gnóstica, ela separa-se das demais correntes gnósticas por rejeitar os éons, os abraxas, os diagramas e os números cabalísticos. Impulso de Cristo anterior ao cristianismo de Niceia de 325, ela não aceita nem os livros judeus, nem os evangelhos judaizantes, nem os símbolos da Igreja imperial instituída por Constantino, nem as pompas pagãs da teocracia romana. Ela separa-se do tronco cristão pelo ramo mãe de João, e forma um verdadeiro cristianismo por meio do fecundo dogma do Paracleto.

Valentino e Basílides, o alexandrino, eram grandes gnósticos! Quanta alegria eu senti ao examinar uma gravura que representava "o Abraxas" de Basílides! Quanta estupidez foi dita contra esse gnóstico. Até o infantil Irineu, ignorante de tudo o que dizia respeito ao gnosticismo, também se imiscuiu! Permitam-me descrever essa magnífica gravura, introduzindo-os, por meio dela, no futuro do gnosticismo. No centro se encontra um grande cálice – uma taça, adornada com uma rosa – envolto por um sol magnífico; é o Graal, a elevada ciência divina, o aperfeiçoamento divino. Do Graal se eleva uma bela figura humana com cabeça de galo e uma altiva aparência dominadora. Na mão direita ela traz um látego com três nós: a Trindade que rege o mundo. Na mão esquerda, um talismã em forma de escudo sobre o qual está escrito "Abraxas". Abraxas significa Deus, Adonai. As pernas e os pés são duas serpentes, uma voltada para a direita e a outra para a esquerda, cada uma segurando as rédeas de dois cavalos brancos. As duas serpentes simbolizam o conhecimento superior; os cavalos, os quatro Evangelhos. Um dos cavalos é cheio de vida: João. Outro parece cansado: Lucas. Os dois restantes estão mortalmente fatigados: Mateus e Marcos. No alto do firmamento, dominando tudo, um grande sol radiante, Cristo. À esquerda e à direita da gravura, menos resplandecente que o sol, uma lua crescente: o Espírito Santo. Vocês acreditariam que semelhante gravura poderia ser considerada uma representação diabólica? Contudo, é assim que os gnósticos são considerados pelos Pais da Igreja!

Foi Basílides de Alexandria quem idealizou esse talismã a ser usado como um medalhão para fortalecer a memória por meio de exercícios. De fato, podemos ampliar a memória por meios artificiais. Um talismã desse tipo pode ter um significado oculto ou esotérico ou mesmo ter um significado visível, exotérico. No talismã de Basílides de Alexandria pode-se ver, de um lado, a palavra "Abraxas". Seu valor, segundo o tarô da Cabala, era: A = 1; B = 2; R = 100; A = 1; X = 60; A = 1; S = 200, ou seja, um total de 365, os 365 dias do ano, o que significa que devemos servir a Deus cada dia do ano! Essa palavra era seguida pelo mesmo nome de "Abraxas", Deus, na forma de um triângulo com a ponta voltada para baixo, triângulo criador que representava os Elohim do Pai. A outra face desse talismã representava um sol: Cristo, o Deus solar! Se Basílides tivesse de enfrentar a Inquisição, ele certamente teria acabado na fogueira! Existem talismãs cujo valor espiritual é tão grande que é proibido explicá-los, como por exemplo: *Venite ad patrem osphal!*

Diga-se de passagem que a religião do Espírito consolador e purificador, o maneísmo da Aquitânia, não procede absolutamente do maniqueísmo da Pérsia, pois rejeita o seu dualismo entre o espírito e a matéria, assim como o princípio da eternidade do mal e os resquícios de mazdeísmo. Zoroastro lhe é tão antipático quanto Moisés. Deus é Amor!

Tudo isso nada mais é que um leve resumo da base da bela e pura Gnosis, representada pela jovem Fraternidade moderna. Disse-lhes ainda há pouco que a religião do Espírito consolador e purificador recebia sua inspiração de Alexandria e, por conseguinte, era "aluna" das grandes escolas de mistérios. Por esse motivo, sinto-me na obrigação de falar-lhes sobre o Egito, parte do continente atlante que desapareceu para sempre. E o primeiro nome que me vem ao pensamento é o de Hermes Trismegisto. Sua profecia divina deve ser escrita com letras de ouro no limiar da Gnosis e ser conhecida de todos para que compreendam o profundo valor das seguintes palavras proféticas:

> Ignoras, ó Asclépio, meu aluno, que o Egito é a imagem do céu, e que aqui embaixo ele é a projeção da ordem de todas as coisas celestes? No entanto, é necessário que saibas o seguinte: virá um tempo em que parecerá que os egípcios cultuaram em vão os deuses com tanta devoção e que todas as suas santas invocações foram estéreis e não obtiveram resposta.
>
> A Divindade deixará a terra e voltará ao céu; abandonará o Egito, sua antiga morada, e o deixará só, privado da presença dos deuses, viúvo da verdadeira fé. Então, essa

> terra santificada por tantos lugares e templos sagrados se verá coberta de tumbas e mortos...
>
> Ó Egito, Egito!...
>
> De tua religião restarão apenas relatos nebulosos, nos quais a posteridade já não crerá, e palavras gravadas sobre pedras que contarão teu sofrimento!

Que magnífica profecia! A matéria morre... mas o Espírito não pode morrer! Quando a Gnosis, a força do amor triunfante de Deus, sobe ao céu, deixa atrás de si apenas tumbas e mortos... porém ela regressa para purificar novamente os vivos julgados dignos de recebê-la... Aí estão o Alfa e o Ômega!

Não podemos contar tudo o que se pode aprender sobre a religião de Hermes. Devemos, pois, contentar-nos com o essencial. O principal ato da religião de Hermes consistia na "celebração dos mistérios", isto é, na revelação aos que eram encontrados dignos, após terem sido longamente instruídos e provados nas verdades conservadas no mais profundo segredo dos santuários. Era a iniciação propriamente dita, a grande Iniciação. A base era o dogma da Unidade de Deus. Orfeu, o mais antigo iniciado que conhecemos, fala em seus versos sobre os mistérios que transmitirá aos que podem compreendê-los, pois anunciará uma grande verdade:

> Considera o Logos, o Verbo divino, e não cesses de contemplá-lo.
> Guia teu coração e teu espírito na via reta.
> Observa o Mestre do mundo, único Imortal, único engendrado de Si mesmo.
> Todas as coisas provêm somente dele, e nelas ele reside.
> Invisível a todos os mortais, Ele, ao contrário, a todas vê.
> Tudo está em J O V (Jovis, Jeová, Toth).
> A dimensão etérea e sua luminosa majestade, o mar, a terra, os oceanos,
> o abismo do Tártaro, os rios, todos os deuses e todas as deusas, tudo que nasceu
> e tudo que ainda nascerá, tudo que se move, tudo está no seio desse Deus!

A Gnosis, ou "o conhecimento dos números divinos", tanto no seu significado exterior como interior, era a verdadeira religião dos mistérios ou a iniciação entre os egípcios. O papiro mágico de Harris diz: "Eu sou o eleito de milhões de anos, aquele cujo nome é desconhecido... Sou Shou, que na figura de Rá, está sentado no centro do olho de seu Pai (o Sol)".

Pitágoras declara ter sido na Iniciação que aprendeu a conhecer a Unidade da Causa primeira e universal.
Tales de Mileto diz: "Deus é o Espírito, que formou tudo das águas".
Platão, por sua vez, diz: "Nenhuma expressão é capaz de dar uma ideia da infinita magnitude e da inefável majestade desse Deus criador que os sábios apenas podem compreender ao utilizar toda a sua inteligência".
Cícero diz que é correto designar esses mistérios com a palavra *Initia*, pois eles ensinam os verdadeiros princípios da existência e explicam como se deve viver em serena alegria e morrer cheio das mais belas esperanças.
Em resumo, era ensinado:

> O dogma da *Unidade de Deus.*
> O dogma da *imortalidade da alma.*
> A *transfiguração*, mediante advertências e conselhos que conduziam à perfeição.

A isso, acrescentavam-se os divinos princípios da cosmologia universal, um saber constituído de moral sadia e de filosofia secreta. É também importante mencionar que os mistérios não eram esbanjados "ao acaso". Não se jogavam pérolas aos porcos, pois esses mistérios eram muito sagrados. Não se profanava o conhecimento relativo à Divindade simplesmente porque ela existia. A fim de preservar a verdade para muitos, ela não era revelada levianamente a todos. O que significa que ela era somente concedida aos que a mereciam e podiam conquistá-la por seu valor pessoal.

A Iniciação é sempre muito longa: ela é fisicamente difícil de suportar e, moralmente, exige esforços cotidianos e constantes. Esse era também o caso para nossos perfeitos nas grutas de Ussat e de Belém. Sua vida iniciática era severa, dura, em plena natureza, nas entranhas da Montanha Sagrada. Felizmente *Lux lucet in tenebris* – a luz brilha nas trevas!

Para o egípcio, a Vida penetrava o domínio da Morte; o sacrifício de Cristo incorpora a morte na vida terrena. E, no entanto, Cristo disse: "Eu sou o Alfa e o Ômega"; mas o fim é o começo!
Vejamos como, por meio de uma série de transformações, é possível resumir em poucas palavras todo o mistério da transfiguração! Ei-las:

> Formação – Reformação – Transformação.

Mais concretamente:

A lagarta – a crisálida – o inseto perfeito.

O homem-matéria deve desaparecer, é o Ômega, o fim; o homem-espírito o substitui... é o Alfa, o novo início. A alma purificada, liberta da imperfeição da matéria, torna-se alma-luz.
A alma abandona o corpo físico quando o homem-espírito, aquele que se uniu novamente com o Espírito e se tornou semelhante a Osíris, o deus da Morte, aparece ante o trono da justiça de Osíris e, no seio de Osíris, é libertado por sua justificação, sua purificação ritual e sua santificação. É o assim denominado "Sahu", o corpo glorioso, a alma que recebeu o selo da iniciação e da iluminação.

Nossos perfeitos conheciam a fundo esses mistérios. O mistério da transfiguração havia tomado corpo nas três pequenas grutas de nosso centro de iniciação, que tinham nomes egípcios: *Kheper* ou *Kepler, Mès Naut* e *Ka.*

Kepler é a tumba, a morte, o aniquilamento em Osíris, o Osíris verde dos túmulos, ante o Pentáculo de Belém; a lagarta torna-se crisálida.
Mès Naut, "sempre mais alto", é o trono da justiça de Osíris, a pedra de toque da imortal transfiguração; a crisálida prepara-se para transformar-se em inseto perfeito.
Ka é o florescimento da nova aura nas regiões celestes, onde o Osíris negro, o Deus perfeito, o homem imortal, o aguarda! Este é o triunfo do inseto perfeito sobre a lagarta!

A chave dos números sagrados

IAÏ AOUR! FIAT LUX! FAÇA-SE LUZ!

Agora ligamos vocês ao que se denomina "Gnosis", a "ciência superior", o conhecimento interior da verdadeira Vida que foi e continua sendo o legado dos gnósticos, dos cátaros, dos rosa-cruzes, dos templários, dos primeiros cavaleiros da Távola Redonda e do Santo Graal. É esse conhecimento, cujo objetivo é a libertação da humanidade, que sempre toca os homens e instiga os profundos impulsos de onde emanam os grandes fenômenos históricos: as conversões ao cristianismo, as cruzadas, a Idade Média, a Renascença e a Reforma.

A ciência superior do Espírito contém, de fato, dois aspectos:

> A *palavra* ou Verbo.
>
> As *obras*, expressão máxima e realização do Verbo.

Como se é iniciado na ciência da palavra? Pelo conhecimento dos sinais e do que a eles se relaciona. O segredo das obras é explicado pelo conhecimento da luz e do fogo.

A Cabala é a ciência dos sinais. A ciência da luz é a magia; a ciência do fogo é o hermetismo. A isso a Gnosis acrescenta que a ciência dos sinais se inicia com a ciência das letras. As letras são ideias absolutas, e as ideias absolutas são números. Os números são sinais perfeitos. Quando se associam ideias a números, obtém-se a *mathesis*[24] da Verdade. Tornarei isso mais claro com o auxílio de alguns exemplos.

Levanto meu dedo: é um gesto!
Este gesto traça uma linha perpendicular... é um sinal.
Este sinal é traçado... é uma ideia que vive em mim e quero vivificar.
Esta ideia refere-se a Deus... é um símbolo.
O gesto, o sinal, a ideia, formam um símbolo.
Esse símbolo é único, um... é um número.
Agora irei um pouco mais longe:

Um, o sinal ou número, expresso pelo dedo levantado perpendicularmente, designa a Deus, o Pai. |.

24. *Mathesis:* do grego, ciência ou conhecimento (N.T.).

No sentido horizontal o sinal expressa: o Filho, que manifesta o Pai. —

Juntos eles formam o número dois. +

Quando essa cruz oscila para a direita ×, forma-se o sinal Chi, a letra grega X, a primeira letra da palavra "Cristo".

Se unirmos esses três sinais (ou seja, a cruz grega + e a letra grega ×), obteremos o sinal solar ✳ que tão frequentemente encontramos nas antigas cruzes cátaras da região do Sabarthez: Cristo, o sol espiritual que oferece a vida, em quem e por quem se manifesta a fonte de toda vida, como Salvador, Sanador e Redentor.

Esse sinal é também três: a Tri-Unidade do Pai – Filho – Espírito, ou Pai – Filho – Amor.

O sinal quatro é o símbolo perfeito, a perfeição em Cristo.

Cinco é o número do Pentáculo, da estrela de Belém, as cinco pétalas da rosa, o sinal da vitória em Cristo.

O número nove é um sinal poderoso cuja dimensão gnóstica põe definitivamente um fim a todas as especulações teológicas e teorias ilusórias acerca da Trindade divina. Foi por essa razão que os antigos Irmãos, para designar o número nove, formulavam-no por meio da misteriosa palavra *circumincessio*. Podemos descrever um triângulo como:

PAI – FILHO – AMOR

FILHO – PAI – AMOR

AMOR – FILHO – PAI

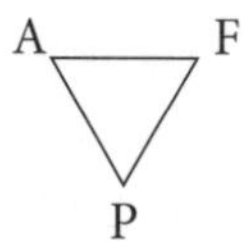

Podemos, portanto, inverter esses triângulos. Se os colocamos um ao lado do outro, obtemos o número 3 e mais 3 (obtemos 6 lados) e mais 3, novamente (ao todo 9 lados). 3, 6 e 9: 369, algarismos cuja soma é 9, e entretanto Um: o Pai. Com a palavra misteriosa *circumincessio*, os antigos Irmãos queriam dizer que se pode inverter a sucessão da Tri-Unidade divina quanto quisermos, sem que isso modifique em nada seu caráter divino.

Foi precisamente porque essa verdade minava as bases da Igreja que milhões de homens foram aniquilados de forma atroz. De fato, utilizava-se esse exemplo dos três triângulos, designados os "Elohim do Pai", para demonstrar o devir humano de Cristo, sem referir-se a uma mãe humana: Maria. Na manifestação de Cristo estão presentes o Pai, o Filho... e, como terceira pessoa, como mãe de Deus, o Espírito! Por essa razão, entre os antigos Irmãos, o Espírito era designado "a pomba", a pomba branca irradiante do Paracleto. E também por isso, entre eles, o Espírito era, nesse contexto, feminino, razão pela qual todos os perfeitos e perfeitas, irradiantes de felicidade interior e de um saber inquebrantável, explicavam – e isso até mesmo na fogueira – que a mãe de Deus, a verdadeira virgem Maria, era a Igreja cátara, que dá à luz os filhos de Deus, ou seja, uma humanidade-alma novamente nascida, verdadeiramente divina.

O número Um, a Unidade, é também o começo do alfabeto, é o Alfa. Todos os números se reduzem ao Um, que se converte na última das letras, o Ômega. E assim surgem ante nós, com força e valor, as palavras de Cristo: "Eu sou o Alfa e o Ômega, o começo e o fim"... e sabemos que, para o homem-espírito, a morte é um começo.

Podemos compreender que nem a todo aluno é dado captar diretamente essas verdades, pois o caminho de aprendizado é um caminho de iniciação. Um caminho longo e pedregoso que, portanto, será seguido por poucos, e os que estão avançados apenas poderão transmitir a uns poucos as verdades ocultas que lhes foram confiadas e reveladas.

Como exemplo, vamos agora falar para vocês sobre os mistérios de Bereshit,[25] o relato do Gênesis, que os guiará nessas dificuldades. Os sete primeiros capítulos do Gênesis contêm os mistérios da mais elevada iniciação. O mesmo é igualmente válido para a profecia de Ezequiel, para o livro de Tobias e o Apocalipse de João. São livros da verdadeira Cabala, da Gnosis, livros tão completos e perfeitos que mesmo se os demais livros se perdessem, ainda assim, graças a eles, toda a ciência sagrada seria conservada.

Ao compararmos os seis dias da criação, do Gênesis, com o *Nuctemeron* de Apolônio de Tiana e com o Gênesis dos hebreus, podemos verificar que os diferentes cálculos cabalísticos se assemelham, e que Moisés, ao desenvolver as leis criadoras dos sete dias, não está contando uma história, mas sim revelando um arcano eterno. Os seis dias de

25. A Torá compõe-se dos cinco livros de Moisés (o Pentateuco), que na Bíblia hebraica são denominados por suas iniciais. O primeiro livro começa por Bereshit, que significa: "no princípio"... Na Cabala, Bereshit também significa gênese, devir.

Moisés são também a "gênese" da Inteligência, graças à qual o caos se ordena segundo a progressão dos números:

1. Deus manifestando-se na natureza.
2. Cristo, a Ideia divina mediante o Verbo.
3. O Espírito, a verdade vivente a serviço de Deus.
4. O Espírito que penetra a letra, a luz que afasta a ignorância.
5. O ativo no passivo, a vida na morte, a luz nas trevas, a perfeição.
6. O homem e a mulher, segundo a palavra de Cristo: "Que os dois sejam um, um em Deus".

Essa gênese da Inteligência forma o elo entre o céu e a terra.
É Miguel, o arcanjo da luz, ameaçado pelo diabo.
É Édipo confrontado com a Esfinge, que busca e luta para reencontrar o homem -deus.
É Mitra, que trespassa o touro: o Espírito que vence a matéria.
É, em sinais sagrados, a espada de Miguel e o punhal de Mitra.
É o número do combate, do trabalho, da liberdade e do amor verdadeiro, que decifra o enigma da Esfinge.
É "a mulher vestida de sol, com os pés sobre a lua".
É o devir de Deus no homem e do homem em Deus.
É a estrela de seis pontas, a estrela de Davi, o selo de Salomão!

Vejamos agora mais de perto os mistérios de Bereshit no livro do Gênesis:

1.º dia A luz, esplêndida e irradiante unidade.
2.º dia O firmamento, ou a separação necessária entre o espírito e a forma, entre o fixo e o volátil, constituição do equilíbrio binário entre o céu e a terra.
3.º dia A germinação da terra sob a influência do céu; a geração tem início com a manifestação do ternário.
4.º dia O sol e a lua presidem o dia e a noite; é a divisão das estações pelo quaternário, a quadratura do círculo.
5.º dia A vida manifesta-se no seio dos elementos; constituição do reino do homem no quinário.
6.º dia A terra e o fogo respondem ao ar e à água e geram animais viventes; o triângulo, que é o reflexo do de Jeová, forma-se na alma do homem, o número seis; e o próprio Deus diz: *Faciamus hominem*, pois o homem deve participar de sua própria criação.
7.º dia Deus descansa. Como o número sete é o número da perfeição, já não há nada a acrescentar.

Se resumirmos os primeiros capítulos do Gênesis, veremos:

1.º capítulo	A unidade de Deus manifesta-se e resume-se na unidade do homem.
2.º capítulo	Deus completa o homem pela mulher; juntos, eles são dois.
3.º capítulo	A serpente intervém como terceira entre o homem e a mulher inocentes. Deus intervém como terceiro entre o homem e a mulher culpados.
4.º capítulo	Adão e Eva geram Caim e Abel, e, de dois, eles se tornam quatro.
5.º capítulo	A humanidade resume-se na pessoa de Seth, herdeiro de Adão e Eva, em lugar de Caim e Abel. Um converte-se na síntese de quatro, o quinário "em todo seu poder".
6.º capítulo	A criação do homem político e religioso; começo do antagonismo entre os filhos de Deus e os filhos dos homens.

Assim, nada está disposto ao acaso. Como compreender a Bíblia sem a chave dos números sagrados? E o que dizer quando abrimos com essa chave as profundezas de Ezequiel, do livro misterioso e alegórico de Tobias, e, sobretudo, do sublime Apocalipse, obstáculo para o gênio de Bossuet e a sagacidade de Newton? A antiga revelação ainda é e sempre será desconhecida e incompreendida!

Há pessoas que acreditam ser necessária uma nova revelação. Que esperem, então, até que a antiga seja conhecida e compreendida, e veremos em seguida se é necessário desejar uma nova! Esperemos que após seis mil anos de ignorância e estupidez, a humanidade descanse e Deus seja uma segunda vez o: "IAÏ AOUR... FIAT LUX... FAÇA-SE LUZ!"

Antonin Gadal em seu escritório em Ussat-Ornolac

O elevado conhecimento da verdadeira vida

A unidade

Há quatro maneiras de conceber a unidade:

1. como universal, que produz e abarca todos os números, portanto sem ter, consequentemente, nada de binário; unidade incalculável, inconcebível, infinita, universal, absolutamente necessária e absolutamente incompreensível.
2. como relativa e manifestada, tendo um binário; iniciando o número e resumindo-o, ao aumentar continuamente; o que a torna progressivamente indefinida.
3. como vivente e fecundando em si mesma o movimento e a vida.
4. como visível e revelada pela forma universal.

Essas quatro noções da unidade são representadas pelo tetragrama divino cuja figura hieroglífica é a cruz:

sublimitas

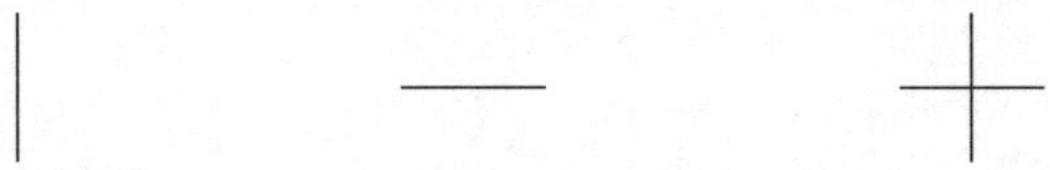

altitudo *longitudo* *profundum*

A altura está inclinada porque é como se Deus, ao dar "as letras sagradas", se inclinasse para nós. É a Árvore da Ciência que se inclina para os homens e ao redor da qual se enrola a serpente da vida. Essa disposição também tem como objetivo indicar "o movimento circular da cruz", que é a vida dos sóis e forma o círculo pelo movimento perpétuo do quadrado, a única verdadeira quadratura do círculo.

A unidade universal e inconcebível é Deus.
A unidade revelada e reveladora dos números é seu Verbo.
A unidade vivente é o Espírito Santo.
A unidade visível nas harmonias universais é a Providência.

A unidade suprema tem como hieróglifo
| a linha vertical, o cetro.

A unidade revelada tem como símbolo

— a linha horizontal ou

‿ a curva,

a taça.

A unidade vivente une as duas anteriores

e forma a cruz ou a espada.

A unidade visível é representada

○ pelo círculo.

A grande e indivisível unidade apresenta-se a nosso espírito de duas maneiras: como espiritual e como material, como oculta e como manifestada.

A matéria é imensa como o espaço. Ela só se torna visível e palpável nos conglomerados e combinações, ou seja, ela se divide e subdivide ao infinito, escapando, como o espírito, a nossas prisões e análises.

Existem, pois, dois aspectos: o branco e o negro. O negro é a sombra do branco, e o branco é a luz no negro.

O espírito reflete-se na matéria, e a matéria só se mostra para revelar o espírito. A matéria é a letra do espírito; o espírito é o pensamento da matéria.

Se não existisse sombra, a luz não seria visível; se não existisse luz, a sombra seria informe e imperceptível. Deus escreve na página negra da noite com o esplendor das estrelas; e na página branca do dia, com o negrume da terra. A única vida serpenteia entre o dia e a noite, e mantém-se devido ao equilíbrio de ambos. O que os chineses exprimem pelo pentáculo de Confúcio: ☯

Essa sombra e essa luz existem também no pensamento: o pensamento indizível é a sombra; o pensamento acessível ao Verbo é o dia.

Nossa sombra é o dia de Deus; a luz de Deus é para nós uma sombra infinita.

Os números somente existem mediante a unidade e, em si mesmos, não são coisas, mas sim modos ou modificações da unidade.

Somente a Unidade existe; somente ela se fraciona e multiplica. Havendo a unidade e o movimento que a obriga a reproduzir-se, temos as matemáticas com todas as suas combinações.

A Substância Original

O homem é quádruplo:

espírito
alma
luz
corpo

Sua alma é igualmente quádrupla:

pensamento
vontade
amor
verbo

O homem é a síntese da vida na substância equilibrada.

A substância primeva conhece quatro formas de manifestação:

ativa
passiva
equilibrada
criada

Tornada elementar, a substância quente, fria, úmida e seca converte-se em fogo, ar, água e terra ou, na linguagem moderna, oxigênio, nitrogênio, hidrogênio e carbono. Porém, antes de tudo isso ela era *luz,* e sempre permanece impregnada e vivente de luz universal.

A luz é *uma*, mas se manifesta sob quatro formas: ativa, passiva, visível ou latente. Ela não é fluido nem vibração. É a substância primeva, real e vivente que contém em si mesma o princípio de seu movimento:

substância cujas moléculas, mesmo as hipoteticamente primitivas, apenas podem ser concebidas como agregados e modificações externos, já que todos os corpos consistem em partes, e toda a parte é de novo um corpo, sendo assim divisível...
substância, perpetuamente engendrada de sua própria força criadora, a serpente que devora a si mesma e, de novo, surge de si mesma.

É isso que Deus cria eternamente, no primeiro dia e até mesmo antes, pois o Gênesis, a criação, não é a história do passado, e sim a manifestação do trabalho eterno.

A luz é, porque Deus quer que ela seja, e todas as coisas têm nela seu começo e seu fim, o Alfa e o Ômega.

Deus é a razão de ser da luz, e a luz é a manifestação exterior do Verbo eterno de Deus.

A luz está grávida de inteligência e dá nascimento à razão, posto que é fecundada pelo Espírito.

A luz universal é luz astral nos astros, luz vital ou magnética nos seres que os astros produzem.

Ela unifica todos os seres, porque todos provêm dela e vivem graças a ela.

Em tudo o que foi criado, a luz não é um fluido específico nem uma vibração especial. Em tudo e em todos, ela é uma forma particular da força vital universal.

Acima de todas as unidades, ou melhor, acima de todos os conceitos sobre a unidade, uma hipótese necessária obriga-nos a aceitar a unidade absoluta e inconcebível, o princípio sem princípio, a causa sem causa; unidade que é por si mesma, ser sem ser, nem algo do ser; a unidade sem par e, por conseguinte, sem binário. Aqui todo conceito se detém, toda comparação é blasfêmia, toda imagem, ídolo.

Esse terrível Desconhecido não tem um nome que possamos soletrar – pois mesmo o Tetragrama aplica-se tão somente à sua imagem convencional e hieroglífica – mas ele é o Alfa e o Ômega em todos os seres. Dele podemos apenas afirmar uma única coisa: ele é o TAO.

Ele manifesta-se por uma sabedoria imutável e uma inteligência sempre ativa. A harmonia entre essa sabedoria e essa inteligência constitui o poder supremo... mais ainda que o poder:

a causa mesma e a razão do poder,
a coroa espiritual,
a essência da realeza suprema,
o ser – verdade – realidade – razão – justiça:
a *divindade*.

A divindade

A divindade é una, pois é incalculável;
impessoal, pois ela é inqualificável e incomparável,
totalmente indizível, totalmente inconcebível em si mesma...!

Tudo o que se diz é dito em função da ideia que se faz dela segundo suas obras:

> uma ideia tão limitada quanto nós,
> uma ideia feita à nossa própria imagem e semelhança,
> um fantasma do homem, aumentado por um microscópio solar!

Os antigos filósofos hermetistas afirmavam que a substância universal, ao exteriorizar-se, reveste-se de três formas e três modos:

Od	forma ativa e motriz
Ob	forma passiva e móvel
Aour	forma equilibrada e mista

A substância primeva e seus modos de expressão, ou estados, eram os quatro elementos análogos ao oxigênio, o hidrogênio, o nitrogênio e o carbono. O princípio desses sábios era o seguinte: a substância primeva, que é una, diversifica-se pelo movimento e recebe aparências diversas segundo os ângulos de incidência de suas polarizações, pois cada molécula da substância é imantada e polarizada, assim como o são os mundos.

Eles acreditavam no movimento perpétuo, que é o arcano supremo da física; além disso, eles pensavam, com razão, que pelo domínio das forças naturais, dentro de certo círculo e em certa medida, é possível acelerar ou diminuir o movimento. Ora, esse é simplesmente o segredo da criação.

A Grande Obra, portanto, não é a arte quimérica de fazer ouro; ela é a arte de dirigir o fogo natural para fazer "amadurecer os minerais".

O absoluto em física e química existe necessariamente como absoluto em filosofia e religião.

Cada um desses três modos do absoluto é necessidade para os outros dois.

Nem o sábio Karl von Eckartshausen nem Jacob Boehme estavam sonhando quando viram nos dogmas da religião o símbolo e a imagem dos mistérios da natureza. E os Irmãos da Rosa-Cruz tampouco foram tolos ao afirmar que possuíam a chave da Grande Obra. Essa chave é a medicina universal das almas e dos corpos. É a auréola de Adão e o cetro de Salomão. É a realização na terra do *Sanctum Regnum*, "o Reino Santo".

A cruz do Éden

A cruz, o glorioso *stauros* do qual Paulo explica os quatro mistérios: *altitudo, longitudo, sublimitas, profundum,* não é o ponto de encontro de duas linhas, mas sim o ponto de partida de quatro linhas infinitas, eternamente separadas, eternamente unidas por um ponto central que se torna o da imensidão.
A cruz foi representada pelos quatro rios do Éden. É o antigo Tau dos hebreus e o X de nosso alfabeto, adotado pelos matemáticos como sinal que designa o desconhecido. É o mistério dos mistérios, a força das forças, a luz das luzes, a glória das glórias.

No centro da cruz floresce a rosa mística, a rosa de luz, a flor da vida e do amor, cujas pétalas dispostas em ordem representam os coros dos eleitos em sua harmoniosa hierarquia. A rosa é o símbolo da Grande Obra. Não da "grande obra" quimérica dos fazedores de ouro, mas a medicina universal das almas e dos corpos, a grande Sabedoria. É a rosa que Abraão nos descreve florescendo branca e vermelha sobre uma haste azul com folhas de ouro. No cálice da rosa, o pelicano simbólico verte seu sangue para saciar sua família, tornando-a imortal. Este é o símbolo dos "rosa+cruzes". Os rosa--cruzes e os cátaros eram os filósofos da sublime Sabedoria.

Paz profunda!

O número 4 representa a cruz. O nome de Deus tem quatro letras, entre quase todos os povos do mundo.

JHVH	entre os hebreus
ZEUS	entre os gregos
ALLA	entre os árabes
AURA	entre os persas
THMD	entre os magos
ADAD	entre os assírios
TARO	entre os sábios da Índia
DEUS	entre os cristãos

O sinal de Deus é, pois, essencialmente a cruz, inclusive antes do cristianismo. O Ankh, a cruz ansata dos egípcios, é o símbolo da vida eterna.

A cruz de quatro braços, com seu nimbo luminoso e as figuras dos quatro animais simbólicos, encontra-se entre os hieróglifos sagrados dos egípcios. O monograma da cruz é também o monograma do Schema, dos quatro caracteres de JeHoVaH ou do nome divino, e representa o Tau sagrado que deve marcar a fronte de todos os eleitos...

Esses monogramas são os do *labarum*[26] ou da sabedoria oculta. Vemos aqui os hieróglifos das duas árvores, o primeiro em pé e o segundo invertido, e as palavras:

Tora	Taro	Deus
Rota	Rota	A Vida
Taro	Tora	O livro sagrado

Torá é o nome que os judeus ainda dão à Bíblia: Sepher Torah.

A palavra francesa tetragramática *dieu* corresponde à palavra *dies*, que significa luz, dia. Em francês antigo, falava-se *diex*. A palavra *dieu* significa:

D	ominador
I	menso
E	spírito
U	niverso

D	o ser e a vida
I	a unidade - Um - o ser e a vida reunidos
E	o espírito, a emanação, o Verbo
U	a taça, a forma, o Universo

26. O *labarum*, monograma de Cristo, formado pelas duas primeiras letras da palavra Cristo, as letras gregas X e P (Chi e Ro), alcançou grande notoriedade por sua utilização com fins militares pela guarda imperial de Constantino, após sua visão da "cruz de luz".

O nome "Maria" em hebreu é tetragramático: MIRIAM ou MARIAH. Esses dois nomes encerram todo o simbolismo da mulher e da mãe: a morte que engendra a vida e a vida que faz morrer, a morte e a ressurreição em Deus.

Os hebreus chamavam ao Pai ABBA e a mãe IMMA. Esses dois nomes expressam o ser e a vida, a unidade que retorna à unidade, a silepse, a análise e a síntese, ou seja, a ligação, a dissolução e a unificação; pela ligação renovada, o restabelecimento da unidade primordial.

Os quatro rios do Éden nascem da mesma fonte e regam todo o Paraíso, formando o sinal da cruz. Um é Pisom ou Fase, cujo nome significa "luz", e corre sobre a terra de Havilá, ou terra da bênção, depositando nela o ouro da verdade. Do lado oposto está o Eufrates, o rio do cativeiro e do erro. O terceiro rio, o Giom, flui na Etiópia e é oposto ao Tigre, no qual o jovem Tobias encontrou o peixe maravilhoso, símbolo da sabedoria oculta ou da panaceia universal. Os dois últimos rios, o Tigre e o Giom, representam, portanto, a vida e a morte; os dois primeiros, Pisom e Eufrates, simbolizam a verdade e a mentira. Como foram pueris os esforços dos exegetas ao querer outrora fazer brotar de uma mesma fonte o Nilo, que acreditavam ser o Giom, o Tigre, o Pisom e o Eufrates! O próprio nome do Paraíso ou do Éden, jardim simbólico da verdade, já significa: princípio, base, "receptáculo de ideias".

Na fonte dos quatro grandes rios havia duas árvores, a árvore da ciência e a árvore da vida. É, pois, evidente que o Paraíso, ou Éden, é um pentáculo ou selo mágico, símbolo universal de toda sabedoria original. As letras sagradas foram formadas das proporções geométricas desse pentáculo. O pentáculo do Éden foi o protótipo de todos os monumentos simbólicos e universais, dentre os quais os mais notáveis foram as Sete Maravilhas do Mundo. As pirâmides, por exemplo, foram construídas de acordo com um plano inteiramente semelhante ao do Jardim do Éden. Diante delas velava a gigantesca esfinge, à semelhança do querubim ou do touro mistagógico[27] à porta do Paraíso perdido.

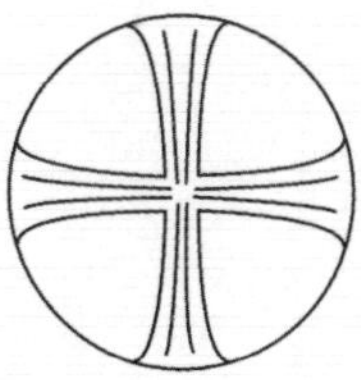

A cruz

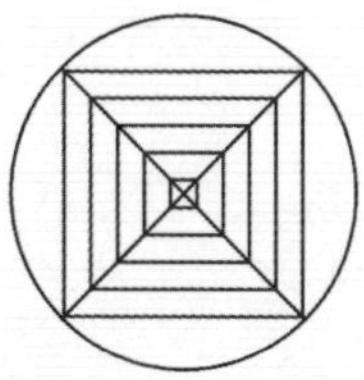

O pentáculo do Éden

27. Mistagógico: Que contém revelação de uma doutrina oculta.

A estrela dos Magos

O tempo passa, inexoravelmente,
e eis-nos ante a Teofania de Cristo!
"Nadal! Nadal! Cadun a soun oustal"
reza o velho ditado dos tempos passados,
dos tempos dos antigos Mistérios.
"Natal, Natal, cada um em sua casa!"
é a tradução.
Natal é a festa íntima,
a festa esotérica da Igreja do Espírito.
Eu escrevi:
"A Belém de Cristo é o Céu!
Seu presépio: o tabernáculo de Deus!".
Natal é o aniversário do nascimento da humanidade.
Deus conosco!
Deus vivente na humanidade,
a humanidade divina,
a humanidade humana!
Vejam o que nos revela este dia bendito:
mas... saibam como eu
que ainda temos trabalho
para fazer todos os homens compreenderem.
Belém! Mistério do Homem-Espírito!
Sacrifício supremo do homem-matéria!
Estrela de Belém!
Pentáculo de Belém!
Transformação,
Metamorfose,
Homem-matéria,
Homem-Espírito,
Crisálida dos antigos mistérios egípcios!

O Pentáculo é a estrela da Epifania... A estrela que os magos viram no Oriente, a estrela do Absoluto e da síntese universal, que encabeça as quatro partes do mundo, que dá às ciências uma sabedoria absoluta e abre as portas do saber às aspirações dos homens, essa estrela os conduz ao estábulo do boi e do asno em Belém.

Belém, a casa do pão, consagrada à elevada razão da humildade do dogma e da elevação dos humildes e laboriosos, ao partilhar do pão simbólico: o sacramento de amor e verdade.

Os magos que, guiados pelo Pentáculo divino, vieram adorar o grande segredo do homem-deus, tiveram de regressar por outro caminho, a fim de evitar a cólera de Herodes e as armadilhas dos sacerdotes. Conta a lenda que a estrela caiu num poço próximo a Belém. Esse poço da estrela é o poço da verdade, mas, quando, então, os sábios deste mundo começarão a buscá-la? Alguns dentre eles, sim...

Os magos são também "reis", pois são os verdadeiros iniciados. Eles são em número de três, pois representam os três mundos; juntos, eles simbolizam o mundo sagrado:

> Melchior, de *Melech,* rei e *Aour*, luz.
> Gaspar, o crente, o homem do povo, o pecador reabilitado,
> o filho de Cham reconciliado, o etíope de rosto negro.
> Baltasar, o grande pontífice, cujo nome em sírio significa:
> o guardião do tesouro, e em hebreu, paz profunda!

Baltasar é o homem desinteressado, que busca o verdadeiro tesouro, o homem da "Paz profunda", pois seu nome significa tudo isso; ele é o representante da sublime Hierarquia, o mensageiro dos grandes eleitos, e é quem oferece o incenso ao recém-nascido da nova humanidade.

Melchior, o rei da cidade, o príncipe da luz, vem em nome dos filhos do conhecimento, e oferece o ouro.

Gaspar ou *Gasphar,* o homem do povo, oferece a mirra, símbolo da transformação e da imortalidade.

A criança e a mãe são dois; os magos são três. Os cinco personagens representam, assim, os cinco raios da estrela, o Pentáculo sagrado. O quadro do mistério da Epifania é, pois, um pentáculo maravilhoso, assim como o são todos os quadros simbólicos de nossa lenda cristã.

O Livro de Deus está escrito por dentro e por fora. Mas ainda é o livro lacrado com os Sete Selos que ninguém sabe abrir, nem mesmo olhar. Podemos lamentar com o apóstolo não apenas o fato de ninguém poder lê-lo, mas também de poucos desejarem lê-lo. Paciência, entretanto! Se o livro foi escrito, é para ser lido. Estamos na aurora de um dia de manifestação. O Evangelho não é uma história; ele é uma lenda e um dogma. A história é uma ciência, mas o Evangelho pertence totalmente à fé.

O peixe nos mistérios

O peixe simboliza a vida física em seu primeiro elemento, que é a água, segundo a física dos Antigos:

> O Leviatã, o enorme monstro marinho do livro de Jó, é o grande agente mágico que tudo contém, tudo absorve e tudo preenche.
> Na simbologia da Índia, a primeira encarnação de Vishnu é como peixe.
> O Egito reverenciava o agente universal na figura do peixe Oannes.

O peixe hieroglífico difere da serpente no sentido de que a serpente de mordedura ardente representa o princípio *ígneo* ou ativo do agente universal, ao passo que o peixe representa o elemento *aquoso* ou passivo e absorvente. Também nas figuras místicas das catacumbas de Roma, o peixe de Jonas, que primeiro absorve e, em seguida, projeta ou rejeita, reúne as duas formas: a do peixe e a da serpente. Ele é representado com duas cabeças: uma que devora e outra que vomita. Esse símbolo expressa perfeitamente o grande arcano da física oculta e da magia natural. O peixe é também o símbolo do ocultismo, pois ele é mudo.

Os cátaros e os rosa-cruzes tinham grande veneração pelo peixe. Eles o desenhavam frequentemente acompanhado da letra S, de *Soter* ou Salvador, ou como uma letra capitular. Os cátaros utilizavam com frequência as letras I, X e o S deitado ∽ nos símbolos que desenhavam.

O célebre peixe de Ornolac estava desenhado sozinho na muralha, numa pedra plana de 30 cm de comprimento que se encontra agora no museu de Foix. O peixe cátaro de Alliat, na gruta de A Vaca, foi traçado na rocha ao lado do grande sinal do iniciado rosa-cruz: ♁

Os primeiros cristãos iniciados nos mistérios da Cabala também viam no nome grego do peixe: ΊΧΘΥΣ (Ichtus), além do nome de Jesus e do monograma do *labarum*, as as iniciais das palavras Ίησους, Χριστος, Θεου Υίος, Σοτερ, Jesus, Cristo, Filho de Deus, Salvador. Essa é a razão destes símbolos serem frequentemente encontrados nas tumbas dos antigos mártires:

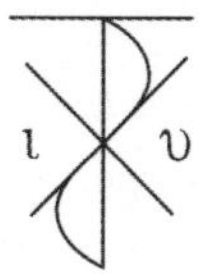

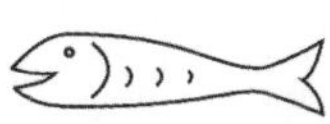

O coração e o fígado do peixe de Tobias

O coração e o fígado do peixe de Tobias representam o amor e a cólera. O fígado deve ser queimado e oferecido em sacrifício; porém o coração, já sem amargura e sem violentas cobiças, deve ser preservado. E não se fala mais dele, pois ele se tornou uma força eterna e misteriosa.

Os anos do velho Tobias, cuja cegueira foi curada pelo fel do peixe, são cabalísticos: 5 é o número do sacerdote, 6, o do homem. Juntos eles formam o número 11, o número da força, e a metade de 22, as 22 letras sagradas, a letra cafe, cujo sinal hieroglífico é uma mulher derrotando um leão... O número 60 traz à memória da humanidade os judeus; e é então que a cólera de que foram vítimas abrirá seus olhos; eles compreenderão o que o texto grego dos evangelhos denomina "filantropia do Salvador". Assim está literalmente no texto... Isso não foi inventado pelos filósofos modernos! Israel foi cegado por sua própria força, que se converteu em dureza e o levou a desprezar a humanidade vivente para enterrar seus próprios mortos e mumificar os preceitos de Moisés, tornados inúteis pelas vãs tradições. Porque o gênio primitivo das Escrituras é tal que encerra sempre um duplo sentido, e elas quase nunca devem ser tomadas ao pé da letra, mas sim compreendidas em seu verdadeiro significado. Como diz Pedro em sua Epístola: *Omnis scriptura... propria interpretatione non fit.*[28] Essas palavras são claras e decisivas. Os exegetas que se interessam por isso desviam essas palavras de seu verdadeiro sentido, esforçando-se por traduzi-las da seguinte forma: "As santas escrituras não devem ser compreendidas segundo o próprio juízo de quem as lê, e sim segundo o sentido que a autoridade da Igreja impõe". Isso fez que Deus, considerado unicamente em seu rigor e autocracia... parecesse mais o diabo! É o Deus do clero pseudocatólico que vê toda religião apenas como poder temporal.

O reino de Jesus Cristo não é deste mundo, e o despotismo e a violência, motivo da queda de Lúcifer, originaram o irremissível pecado contra o Espírito. Tenazmente vivo através dos séculos, esse pecado consiste em sufocar a verdade e a sabedoria. Pensemos aqui na história dos cátaros, dos rosa-cruzes e dos templários!

Uma reação feminina está se desenvolvendo contra essa opressão brutal, tanto fora da Igreja quanto em seu interior, por meio de confrarias místicas e puerilidades incorporadas ao culto da mãe de Deus, invocações que seriam sacrilégio se não se dirigissem a Imma, à Sabedoria, à própria Providência. Por que não dirigir as mesmas

28. II Pedro 1:20–21: Sabendo primeiramente isto: que nenhuma profecia da Escritura é de particular interpretação. Porque a profecia nunca foi produzida por vontade de homem algum, mas os homens santos de Deus falaram inspirados pelo Espírito Santo.

preces ao esquecido Espírito Santo? Felizmente, o messianismo faz-nos retornar à sagrada Tri-Unidade!
Somos realmente e em verdade membros de Jesus Cristo, sempre presente na terra por meio de seu Espírito e de seu Verbo.

Acerca do mistério do coração e do fígado do peixe de Tobias, podemos ainda dizer o seguinte: a religião condena, ou parece condenar, as paixões violentas que a inquietam, e são representadas pelo fígado. Horácio escreve: "A paixão que habitualmente excita o cio nas éguas torturará teu fígado ulcerado".[29] Mas, em definitivo, somente as paixões serão condenadas ao fogo, ao passo que o coração será salvo. Não devemos delongar-nos mais na explicação dessa transmutação do fígado para o coração, pois como a oferenda do coração é uma prova, deve ser total sem que se saiba o que virá.

Esse coração perdido em Deus é um dos grandes mistérios da redenção das almas.

29. Horácio, *Odes*, Livro I, XXV.

Sete, o número do amor

O amor é a coroação do edifício espiritual cujas colunas estão fortemente assentadas. A fé repousa na justiça, a justiça na força: a primeira coluna. A esperança repousa na temperança, a temperança na prudência: a segunda coluna.

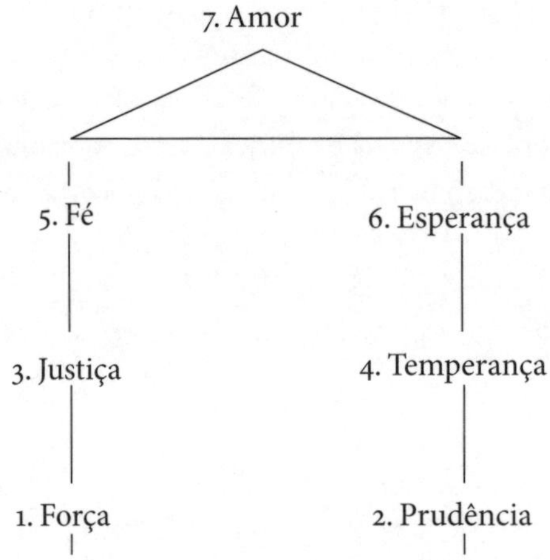

A base dupla do amor,
grande porta do templo interior

No santuário se encontram os sete dons do Espírito Santo, a ciência e a inteligência substituindo a esperança e a fé. Então, o amor transforma-se em piedade, o mais perfeito, o mais divino dos dons, mas também o mais desconhecido. Costuma-se considerar "piedade" o gosto pelas coisas materiais do culto, que outra coisa não é senão fanatismo. De modo geral, chamamos de piedosa uma pessoa que nunca falta aos ofícios religiosos, que adora novenas e missas, e não sabe separar-se de seu rosário! Ninguém se pergunta se essa pessoa é caridosa ou não...

Porém, a prática do culto religioso é profanada quando não possuímos o verdadeiro espírito da religião, quando nos consagramos a ela sem compreender as coisas de Deus e sem amor ao próximo.

A caridade é esse amor, que é uma graça. É uma graça porque é generoso, irmão da paz, e se enriquece ao doar; ele doa as riquezas de Deus e da natureza, sem jamais exaurir-se.

Os sete Anjos diante do trono de Deus

A terra é governada pelos sete anjos do céu e tem por gênio particular *Metraton*, o chefe das almas "que reúne em sua mão o esplendor das sete estrelas e caminha em meio aos sete candelabros de ouro". A Bíblia só menciona três:

Miguel, o gênio particular do judaísmo. Seu nome, *Mica-el*, significa: "Quem é como Deus?" Ele é o destruidor dos ídolos; é ele quem disputa com Satanás o corpo de Moisés, isto é, defende a igreja judaica das horríveis ilusões do inferno. É ele que deve reconduzir Israel à Terra Santa, sob a aclamação das nações, e deve mantê-lo ali durante o reinado messiânico.

Gabriel, cujo nome significa "humanidade de Deus", é o gênio do cristianismo. Daniel o viu caminhando sobre as águas. Com efeito, Gabriel dirige e governa as águas celestes que temperam os ardores da serpente ígnea. Ele é o anjo da mulher, a quem, reverencioso, saúda como companheira do Mestre: "Bendita em si mesma e entre todas as mulheres por causa de seu fruto libertador". Gabriel é também o anjo da esperança.

Rafael, cujo nome significa "a medicina de Deus", deve remediar todos os males da humanidade. Ele conduzirá a nova geração, representada pelo jovem Tobias, fazendo-a encontrar sua salvação no monstruoso peixe que parece querer devorá-la, como o peixe simbólico de Jonas. É assim também nas catacumbas, onde frequentemente vemos um peixe abaixo do monograma sagrado. É o mesmo símbolo dos cátaros, puros e fiéis discípulos do Divino Mestre. Ciência que parecia perdida... Quando o anjo Rafael voltará para abrir os olhos dos cegos?

Esses três anjos cujos nomes são fornecidos pelas Escrituras correspondem ao Sol, à Lua e ao planeta Mercúrio. O anjo do Sol é Miguel, que proclama o Deus único como o astro em torno do qual gira o sistema universal. Gabriel é o anjo da Lua, que Maria tem sob os pés. Ele é o gênio da notável mulher chamada "bela como a lua", no antigo "Cântico dos Cânticos" de Salomão. Rafael é o anjo de Mercúrio. Ele é representado pelo caduceu ou vara augural, pelo peixe análogo à serpente dupla e pelo cão, hieróglifo de Hermanúbis, o fiel guardião dos segredos do Templo. Rafael é o mediador do matrimônio legítimo, assim como o Mercúrio inferior dos gregos era o proxeneta dos amores impuros. Ele é médico, como Hermes, como Orfeu.

É Miguel que aparece a João, tendo por auréola o Sol e um pequeno livro na mão. É ele que, durante a abertura do primeiro selo, toca a primeira trombeta e verte a primeira taça. Enquanto isso, os outros quatro anjos estão acorrentados no Eufrates, o rio do cativeiro, porque a verdade do sagrado Tetragrama ainda está cativa do erro. Deus ainda não se manifestou senão por meio do Triângulo sacerdotal; e somente no reino messiânico o Quadrado real será conhecido. Então serão revelados os verdadeiros nomes dos quatro últimos anjos, análogos aos *Cherubim*, os querubins de Ezequiel.

Os quatro anjos cujos nomes não são revelados na Bíblia correspondem aos planetas simbólicos:

> Marte, ou a força;
> Júpiter, ou a justiça;
> Vênus, a castidade, ou Urânia, a temperança,
> E o velho Saturno, ou a prudência.

Ainda ausentes na terra, eles devem um dia instaurar a moral sobre uma base inquebrantável, tal como os três primeiros anjos constituíram a doutrina:

> Miguel, a Unidade ternária de Deus,
> Gabriel, a encarnação ou a manifestação binária do Criador,
> Rafael, a Redenção.

Assim, o livro de Tobias é a história profética da redenção e de sua perfeita realização, pois o velho Tobias - ou o antigo Israel - tornado cego devido aos excrementos das andorinhas, isto é, ao contato com as superstições itinerantes e estrangeiras, será tocado pelo fel do peixe do rio Tigre do Jardim do Éden, ou seja, ele colherá o fruto de suas amarguras e de suas dores quando abrir os olhos à verdade. Ele a colocará mais alto - e não mais baixo - na escada da Tradição, ascendendo, por fim, à verdadeira Cabala dos filhos de Jacó, pois somente a verdadeira Cabala pode fazer cessar o escândalo de um Homem-deus e tornar razoável a loucura da cruz.

Então o cristianismo, representado pelo jovem Tobias, guiado por Rafael, voltará a seu pai e levará sua esposa, a verdade que triunfou sobre os sete erros, tal como Sara escapou aos desejos de sete maridos indignos dela; e Asmodeus, o demônio dos prazeres impuros, será acorrentado no Alto Egito.

O Egito dividido e governado pelos grandes hierofantes era totalmente simbólico. Ele estava dividido em três reinos que formavam apenas um: o Alto, o Médio e o

Baixo Egito. O demônio acorrentado no Alto Egito é a força fatal sujeita à autoridade legítima; é a restauração da arte sacerdotal e da arte real, indicadas por Moisés. Assim, o neojudaísmo, ou cristianismo, pode tornar-se o esposo de Sara, cujo nome, tomado da memória da esposa de Abraão, caracteriza a Igreja original, eternamente jovem como a Sabedoria e a Verdade. Somente então ele poderá tornar-se o médico de seu pai, pois o fel do ódio ainda recente se converterá em bálsamo curador da visão do ancião.

Israel terá sido santificado pela perseguição; o sangue do povo de Deus terá expiado o de um homem-deus; e os que bradavam "Que seu sangue recaia sobre nós e nossos filhos" compreenderão que se consagraram a uma redenção mais imediata e mais abundante? Esse sangue não purifica tudo que toca, e não está Israel totalmente vermelho e coberto por ele? Pois bem, nós, cristãos, filhos dos que crucificaram Israel, podemos bradar, ao falarmos desse grande povo: "Que seu sangue recaia sobre nós e nossos filhos, não para acusar-nos, mas para absolver-nos!"

Grandes sábios que foram perseguidos de tocha em punho, sem que se percebesse que vocês tinham na mão o archote que devia iluminar e salvar o mundo. Mártires de Israel, orem por nós! Mártires cátaros, rosa-cruzes, templários, vocês, mártires da fogueira, dos "muros estreitos", dos inquisidores, orem por eles! Orem por nós!

Deus é Amor…

Não, os homens ainda não podem compreender nem a força, nem a prudência, nem a temperança, nem a justiça, pois todas essas virtudes têm como regra o equilíbrio perfeito que as sociedades humanas ainda não encontraram.

> Assim, sua força é violenta,
> sua prudência, astuta e pérfida,
> sua temperança, desordenada e malsã,
> sua justiça, variável como seus interesses e seus costumes.

Por isso as nações estão predestinadas a perecer sob a espada dos quatro anjos acorrentados: a moral ainda não existe neste mundo. É um grande motivo de esperança para os culpados, mas um motivo de temor para os justos. Por isso, com justa razão, ainda se pode dizer: "É a fé que salva". Faz-se bem quando se acredita estar fazendo bem… O mundo ainda se encontra nesse estágio!

Paciência! O Espírito sopra quando e onde quer, e quando deve!

Os quatro arcanjos não mencionados na Bíblia são conhecidos pelos cabalistas por nomes tradicionais, porém eles não são sempre os mesmos entre os diferentes autores. O que é normal, pois seus nomes somente deverão ser estabelecidos e revelados quando o mundo tiver compreendido seu ministério. Os nomes sobre os quais existe maior consenso são os de Anael, dado ao anjo da castidade e do amor, e de Samael, dado ao anjo da justiça e do castigo. Este Samael empresta, às vezes, entre os hebreus, seu nome e sua função a Satanás, que então é chamado o "Samael incircunciso". O nome Anael é às vezes confundido com o de Astarte, a Vênus dos sidônios. Deve ser assim porque os quatro grandes gênios da moral ainda não manifestaram sua luz. Conhecemos apenas a sombra.

Os cabalistas hebreus chamam os demônios "cascas", córtices, para explicar que o mal nada é senão a casca ressecada do bem, casca que confere à árvore da vida a aparência de morte, mas que conserva a seiva sob um envoltório dedicado apenas às intempéries das estações.

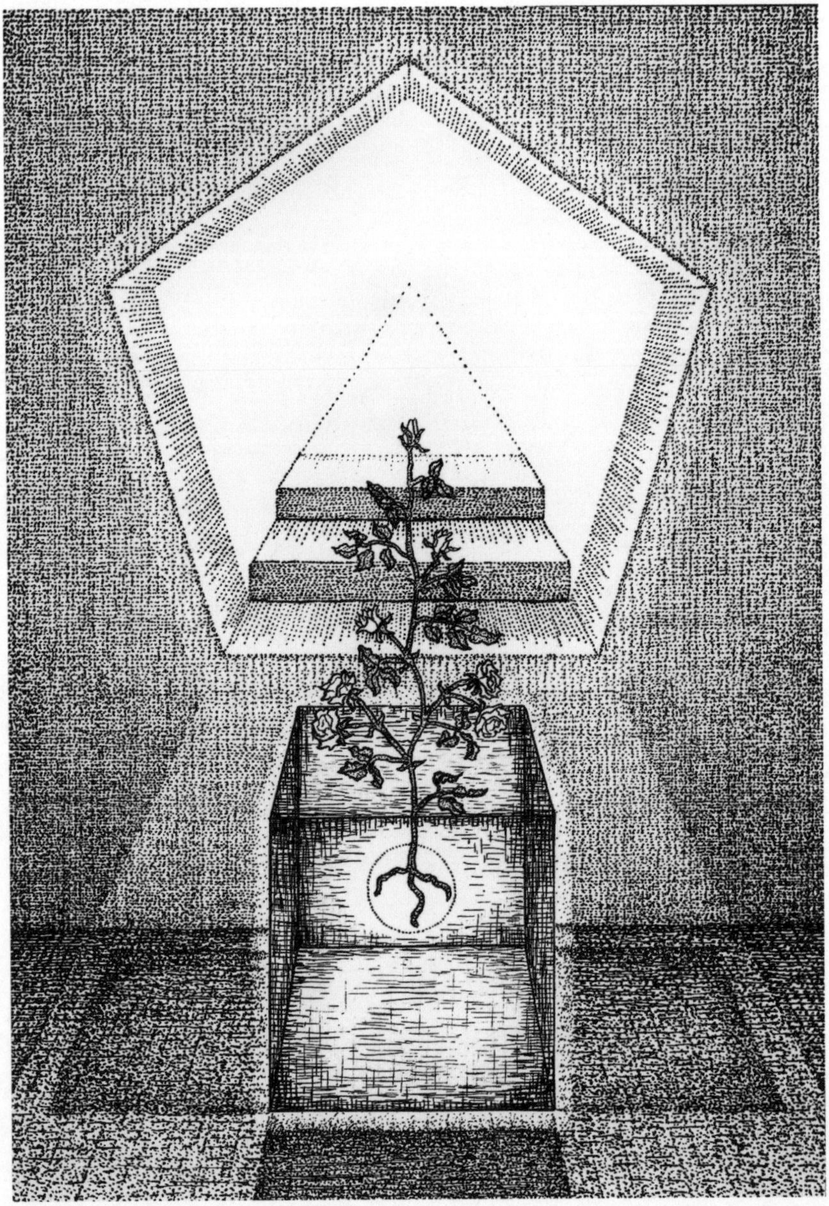

Belém! Mistério do Homem-Espírito!
Sacrifício supremo do homem nascido da matéria!
Estrela de Belém! Pentáculo de Belém!
Transformação, Metamorfose,
Homem-matéria, Homem-Espírito.

A Gnosis universal

Iniciação

Desde os tempos mais remotos, introversão e regeneração estão na base de todo misticismo filosófico. É preciso notar que os sábios das épocas anteriores à invenção da escrita tinham que instruir-se sobretudo por si mesmos. Eles observavam e meditavam, sem negligenciar seus sonhos, que lhes sugeriam novos pensamentos e os ajudavam a resolver seus problemas. Método ingênuo, porém não totalmente desprovido de valor aos olhos dos psicanalistas. Os primeiros elementos do saber humano são os filhos da imaginação fecundada pelos sonhos.

A própria poesia nasceu do sonho, ancestral original de toda a literatura, que foi oral antes de ser escrita. Em última análise, ainda hoje os pensadores que não temem o trabalho da reflexão preferem que lhes sejam fornecidos os elementos de um problema em vez de uma solução formulada mais ou menos dogmaticamente. Não se deve querer precisar em demasia os símbolos iniciáticos com concepções pouco compreensíveis de sua natureza e impossíveis de serem reduzidas a definições escolásticas. Tudo se reduz a palavras; a palavra é essencialmente um instrumento do paradoxo.

Nessas condições, não surpreende que duas filosofias opostas tenham compartilhado a intelectualidade dos séculos anteriores à vinda de Cristo: uma delas tinha como ponto de partida a lógica de Aristóteles e pretendia chegar à verdade por meio de raciocínios rigorosos. Era a filosofia oficial, ensinada publicamente nas escolas, provindo daí a palavra "escolástica". Sua antagonista era uma filosofia que sempre se manteve mais ou menos oculta, no sentido de que era cercada de mistério e somente apresentava seus ensinamentos velados por enigmas, alegorias, símbolos. Passando por Platão e Pitágoras, ela remontava aos hierofantes egípcios e ao próprio fundador da chamada ciência hermética, Hermes Trismegisto, o "Três Vezes Grande". O que distinguia essa segunda filosofia é que ela pretendia "abster-se de palavras para absorver-se na contemplação das coisas, captadas em si mesmas, em sua própria essência".

O discípulo de Hermes era silencioso; ele jamais argumentava nem buscava convencer ninguém. Em atitude introspectiva, ele refletia profundamente e assim acabava por penetrar os segredos da natureza. Então ele se convertia em confidente de Ísis e entrava em comunhão com os verdadeiros iniciados: a Gnosis revelava-lhe os princípios das antigas ciências sagradas, que mais tarde tomariam corpo sob a forma de astrologia, alquimia, magia e Cabala. Todas essas ciências, atualmente consideradas mortas, eram aplicadas com o mesmo objetivo: o discernimento das leis ocultas que regem o Universo. Elas diferenciavam-se da física, ciência oficial da natureza, por suas características ao mesmo tempo mais misteriosas e transcendentes, que constituíam em seu conjunto uma espécie de hiperfísica, mais conhecida como "filosofia hermética".

Outra diferença ainda dessa filosofia era o fato de ela não ser meramente especulativa; ela sempre teve um objetivo prático. Ela visava a um resultado concreto; sua ambição suprema era a chamada "realização da Grande Obra".
Note-se, de passagem, que pessoas ignorantes ou apenas religiosas relacionam-na imediatamente com a francomaçonaria. A Fraternidade Universal, proveniente da filosofia gnóstica, nada tem a ver com a francomaçonaria. Ademais, a verdadeira francomaçonaria, maculada e vilipendiada pela magia negra, tinha objetivos nobres e espirituais, e sua realização original da Grande Obra nada tinha de repreensível. Quando se suprime toda a confusão de palavras e de cerimônias, não devemos enganar-nos, o que quer que se diga, o Arquiteto do Templo é exatamente para o Grande Arquiteto do Universo o que o Verbo encarnado, ou Cristo, é para o Pai eterno da concepção cristã. Palavras geralmente sempre incompreendidas...
Nenhuma chave da ideografia iniciática era revelada ao adepto: a intuição personificada por Ísis devia instruí-lo. Daí a importância da "Escola do Silêncio", da qual já falamos numa explicação precedente. Vejamos alguns exemplos: ao adepto era dada apenas uma imagem, o pentáculo de Rebis, que lhe inspirava um conjunto de reflexões e deduções. Esse signo consistia em: um círculo, uma cruz, um triângulo, um quadrado. Mas essas figuras relacionavam-se com as noções pitagóricas da Unidade, do Binário, do Ternário e do Quaternário. E quando pensamos que o pentáculo de Rebis da ideografia hermética foi adotado no século XVI por Juan Daniel Mylius e Basílio Valentino, compreendemos quanto a alquimia da Idade Média tomou do antigo simbolismo hermético. Não falamos da unidade, da matéria, da luz criadora, pois nos veríamos diante de questões tratadas com vigor e clareza pelos gnósticos, escolásticos e ecléticos no início de nossa era, bastante anterior à dos "alquimistas do Atanor".

Criar significa fazer surgir algo do nada... algo do vazio. Esse algo, em si, não é uma substância morta, mas essencialmente viva, a Mãe de toda vida... Uma vibração imensurável é necessária para preencher o Universo submetido a um dinamismo infinito. As vibrações são integralmente transmitidas num meio como a substância primordial. Nada detém as ondas do oceano cósmico. Esse oceano cósmico permanece eternamente fluido; nada pode congelar-se em seu seio. Qual é, pois, o mistério da criação? Como a esterilidade foi fecundada? Para o olhar de nossos alquimistas, o sol representa o esquema da fecundação do óvulo: um centro de onde emanam ondas circulares, movimento animador do cosmo. É a verdadeira luz, a luz infinita dos cabalistas.
Então o que significa "começo" quando Cristo anuncia em "sem princípio nem fim"? Filósofos ponderados, silenciosos, os hermetistas limitaram-se sabiamente em sua solução do problema da origem das coisas. Eles não se detiveram na "luz em si", pois só a "luz iluminadora, irradiante" era digna de atrair sua atenção. "Luz iluminadora"

significa "agente ativo". O espírito é representado por: um ponto central de onde parte a ação, a seguir, a própria ação ou radiação, e por fim o resultado da ação, a circunferência. O símbolo ☉ refere-se ao "grande Agente primordial", a grande força original, criadora de todas as coisas, concretizada pelo metal ouro, que tem o mesmo símbolo que o do sol. Com relação ao símbolo ☉ que é masculino, o círculo ○, vazio ou negro, torna-se feminino. Duas oposições: o agente fecundante e o paciente fecundado. Daí surgiram as inesgotáveis séries de oposições: dia – noite; luz – trevas; cheio – vazio; positivo – negativo; espírito – matéria.
Os hermetistas preferiram colocar em paralelo o sol e a lua, dualidade eterna. A lua torna-se a reveladora do sol espiritual; ela estende seu espelho ○ que nos reenvia a luz solar. Ela é, pois, Ísis, a "mãe de toda objetividade", o sol oculto, assim como Osíris (um deus negro) é o "pai da espiritualidade". Ainda que a lua seja cheia ○, ela aparece sob a forma de crescente ( ) ⌒ ⌣ na ideografia hermética para representar o metal prata.

Chegamos assim às noções surgidas desses dois símbolos, sol e lua:

SOL — Ouro, luz direta, razão, discernir, inventar,
☉ — descobrir, agir, dar, comandar, fecundar, criar, engendrar.
A coluna Joaquim do Templo de Salomão.

LUA — Prata, claridade refratada, imaginação, crer,
☾ — assimilar, compreender, sentir, receber, obedecer, conservar, manter, conceber, gestar.
A coluna Boaz no Templo de Salomão.

Mediante esses exemplos vemos que o domínio do hermetismo já era bastante vasto; acrescentamos também a importância do símbolo da cruz, o Tau dos fenícios, de que já falamos anteriormente.

E que conhecemos nós da alma celeste? Não é a alma celeste fonte de inteligência e de nobres sentimentos que nos espiritualizam ao liberar-nos da opacidade da matéria? Basílio Valentim batiza-a de antimônio, o grande arcano, a pedra de fogo. A "pedra filosofal", ele diz, não tem nenhuma propriedade superior... A alma celeste é representada no Tarô pela "Carruagem triunfante", o arcano VII, e pela "Força", o arcano XI, personificado por "uma mulher que, com doçura, doma um leão furioso". Para a alma, temos os seguintes ideogramas antigos:

Alma celeste	alma de razão e sentimento; influência espiritualizadora; o Espírito libera-se da matéria que ele domina; Evolução e Redenção.
Alma vital ou *vegetativa*	vitalidade física; Espírito encarnado, unido à matéria; saúde, equilíbrio vital.
Alma natural *ou instintiva*	atração materializante; sexualidade; queda do Espírito na matéria; Involução, Gênese.

É bem verdade que os símbolos se destinam a despertar nossas ideias, a estimular o pensamento, a fazer descobrir as verdades ocultas nas profundezas de nosso espírito. Mas eles não se dirigem a qualquer um, nem tampouco aos espíritos chamados positivos, que baseiam seus raciocínios na rigidez de fórmulas dogmáticas ou científicas. Fórmulas cuja utilidade prática é incontestável, mas que, no entanto, não podem ser consideradas vivas, indefinidas, complexas e móveis. Os símbolos não podem traduzir verdades científicas; eles existem para revelar o "mistério", deixando o Espírito em total liberdade.
Por exemplo, tudo separa o símbolo do dogma. Este último exige um doutrinamento tirânico, uma disciplina intelectual rígida e incondicional, uma sujeição do pensamento. Todas as iniciações fizeram uso do símbolo, que permite escapar da escravidão das palavras e das fórmulas, que favorece a libertação do pensamento. Os símbolos são essenciais para quem deseja penetrar os mistérios, ou seja, as verdades envolvidas em obscuridade, que podem transformar-se em erros monstruosos assim que nos esforçamos para expressá-las em qualquer outra linguagem que não seja a das alegorias simbólicas.

Foi isso que sucedeu aos francomaçons ignorantes da Idade Média. Eles adotaram uma linguagem especial que desvirtuou o objetivo dos primeiros fundadores, fazendo cair sobre si a pesada mão dos inquisidores, o que tornou possível confundi-los com os sucessores da Gnosis, dignos representantes da Fraternidade Universal! O silêncio imposto aos iniciados encontra aí uma brilhante justificativa.

Os arcanos, de fato, conforme já demonstramos, devem ser concebidos mediante um esforço da inteligência; eles esclarecem interiormente o espírito do verdadeiro iluminado, porém não devem servir de tema para o falar de um "falso conhecedor". O conhecimento oculto jamais pode ser comunicado, ele só pode ser adquirido por meio da meditação e do autoconhecimento. No passado existiram padres muito sábios e muito mais instruídos que os cientistas leigos de sua época. Um misticismo especial que se havia desenvolvido sob a influência da Cabala e da Alquimia fez surgir um cristianismo esotérico do mais elevado interesse: nele, a *razão* se conciliava com a *fé*, graças às interpretações superiores atribuídas aos símbolos tradicionais e populares do catolicismo. A elite intelectual, que já não era repelida pelas puerilidades do catecismo, foi assim mantida no seio da Santa Igreja, cujas doutrinas daí em diante pareciam racionais para numerosos incrédulos ou hereges. Porém, a Inquisição vigiava: os templários, os "fundadores do Templo do Espírito, diante da Igreja que se declarava de Jesus Cristo", foram queimados; os cátaros, fiéis discípulos do Cristo, foram aniquilados; os rosa-cruzes puderam apenas salvaguardar as riquezas desconhecidas do hermetismo. O marianismo foi desencadeado, e o messianismo continuou fielmente preservado pelos perseguidos.

O esoterismo não pode dirigir-se às multidões que reclamam por um alimento espiritual mais grosseiro. Existe, porém, uma aristocracia intelectual que é fácil de satisfazer, graças aos admiráveis recursos da simbologia hermética. Não falemos, portanto, inutilmente; observemos o silêncio tão caro aos iniciados, mas tracemos figuras que são enigmas propostos à sagacidade do observador. A rigor, esse método é suficiente para a propagação das verdades transcendentais: os que têm olhos para ver discernem, os demais apenas contemplam beatamente, sem nada compreender. Em realidade, cada um recebe segundo sua elevação no plano iniciático. Essa é a pura iniciação, a iniciação "isíaca" ou natural, independente de qualquer organização concreta. Ela está presente na própria natureza das coisas; ela sempre existiu, planando, por assim dizer, acima das igrejas e das associações iniciáticas, forçosamente incapazes de realizar o ideal superior da iniciação.

Antigamente desejava-se poder erigir um dia, com base no esoterismo e na liberdade de interpretação, um Templo do Espírito Santo ligado a João, o discípulo bem-amado, do mesmo modo que a Igreja de Jesus Cristo, conservadora do exoterismo e da disciplina dogmática fora construída sobre o nome de Pedro. Cátaros, templários, rosa-cruzes, foram perseguidos, queimados, por terem tido um desígnio tão nobre que os fundadores desejavam ampliar em uma "fraternidade universal".

Parece que alguns padres conceberam o audacioso projeto de encabeçar uma Igreja ampliada, realizando o catolicismo integral, ou seja, verdadeiramente universal. Se não o conseguiram, foi porque faltaram os verdadeiros iniciados: é preciso ser

verdadeiramente forte para trabalhar proveitosamente na realização da Grande Obra. Devaneios sem consistência, "magia": deve-se aplicar esse termo tão abusado para algo além de devaneios. Se ele abrange muitas superstições grosseiras, isso se deve aos impostores e aos charlatães que o exploraram; porém, suas loucas extravagâncias os denunciam como ignorantes da verdadeira Magia. Trata-se, com efeito, de um conhecimento sério, profundo, árduo, difícil de assimilar, mesmo que seja em pura teoria; quão mais temerário é abordar sua prática. Os que aspiram a erguer o véu dos mistérios que a prudente natureza esconde aos olhos dos mortais comuns devem preencher certas condições de ordem intelectual, moral e física. As ciências ocultas constituem um labirinto onde se perde o imprudente que se aventura nesse caminho sem uma preparação séria. Ele compromete aí sua razão, seu equilíbrio fisiológico, sua saúde, sem falar de seu destino ou da salvação de sua alma. Isso não significa que a iniciação seja proibida aos espíritos corajosos que assumem os riscos.
Os que têm a vocação obterão o discernimento, porém terão de suportar provas inevitáveis. Não imaginemos aí cerimônias mais ou menos estranhas ou terríveis das associações iniciáticas nem exames impostos aos candidatos das escolas profanas. É importante buscar a iniciação "em espírito e verdade"; se tão somente nos ativermos às aparências e às formas exteriores, tudo não passará de terrível ilusão... Se tantos extraviados caíram nas armadilhas da falsa magia foi porque, satisfeitos consigo mesmos, acreditaram poder esquivar-se das provas obrigatórias. Impacientes por obter conhecimento, eles não se tornaram refratários ao que é falso antes de atrair para si o que tomavam como verdade. Consequentemente, eles equivocaram-se e construíram precipitadamente sobre um terreno não preparado. Visto que não há pior erro que uma verdade mal compreendida, o pretensioso, falsamente iniciado, desonra a iniciação. Ele pode, inclusive, perverter-se e corromper o que há de melhor.

Temendo qualquer profanação, os verdadeiros iniciados sempre se ativeram à disciplina do silêncio; somente falaram com prudente reserva, e unicamente em presença de discípulos dedicados. Contudo, a verdade reconhecida deveria ser posta ao alcance dos que fossem capazes de discerni-la. Portanto, imagens, alegorias e símbolos faziam alusão ao que demandava ser pressentido. Assim, as mitologias e os poemas mais antigos encerram ensinamentos misteriosos presentes nas tradições religiosas de todos os povos, nos emblemas utilizados pelos diferentes cultos e até nas fábulas, contos de fadas e lendas populares.
Desde a formação das sociedades humanas, constituíram-se em seu interior agrupamentos particulares, reservados aos especialistas. Foi assim que os taumaturgos primitivos, hábeis na adivinhação e na cura de enfermidades, foram levados a associar-se para instruir-se e transmitir uns aos outros seus misteriosos poderes: origem de todas as associações iniciáticas que recrutavam sob determinadas condições e

praticavam ritos mais ou menos secretos. Provenientes de um mesmo tronco primitivo, essas diversas associações perseguiam cada uma um objetivo particular: ou o desenvolvimento, o exercício e a transmissão dos poderes mágicos latentes na natureza humana, ou a iniciação nos segredos dos deuses e nos mistérios do outro mundo... Elas foram as criadoras das escolas sacerdotais. A esses místicos, que menosprezavam o trabalho, opunham-se os trabalhadores, orgulhosos de suas iniciativas pessoais e profissionais, às quais se ligavam a profissão de fé de sua corporação, glorificando e santificando o trabalho. Finalmente, havia ainda os filósofos, ansiosos por desvelar as verdades inacessíveis à multidão. Eles também possuíam organizações para seleção e pesquisa. Eles se diziam adeptos de uma arte superior a todas as outras, a arte de pensar, que se converteu na Grande Arte, aplicável à Grande Obra.

Esse trabalho supremo não é outro senão o que é realizado eternamente na criação divina submetida à lei da evolução e do progresso contínuo. Para associar-se a esse trabalho, o sábio esforça-se por realizar *em si mesmo* toda a perfeição possível para a natureza humana. Expressando-nos em imagens verbais: ele não permanece no estado de "pedra bruta" mas talha a si mesmo como "pedra rigorosamente cúbica", isto é, como "pedra filosofal". A pedra filosofal nada mais é senão a perfeição! Os símbolos usados pelos antigos construtores concordam de fato com os dos alquimistas, pelo menos no que tange à "pedra". Porque, para os egípcios, os druidas e os gregos, a pedra representa:

na ordem divina	a verdadeira religião;
na ordem humana	a verdadeira ciência universal: quadrada na base, sólida como o cubo, absoluta como a matemática;
na ordem natural	a verdadeira física que devolverá ao ser humano a realeza e o sacerdócio da natureza, fazendo-o em rei e sacerdote da luz que aperfeiçoa a alma e finaliza as formas, converte os brutos em homens, os espinhos em rosas, o chumbo em ouro.

Converte o chumbo em ouro... Os espíritos grosseiros captaram apenas esse último atributo; os que não compreendem entregaram-se assim a manipulações químicas, sem perceber que a linguagem dos filósofos hermetistas não deve ser tomada ao pé da letra... A letra mata! Contudo, eles poderiam ter lido que os metais dos antigos filósofos não são os do vulgo, que os termos empregados nada tinham em comum com as substâncias assim designadas, que o fogo, por exemplo, princípio tão caro ao esoterismo judaico-cristão, não é o das forjas ou das cozinhas.

Todo simbolismo hermético se refere ao que permanece oculto, particularmente às forças morais – as forças da alma – que devem ser aplicadas pelos sábios com vista a um objetivo muito mais digno de suas preocupações e esforços que a transmutação dos metais comuns nesse ouro que os avaros fizeram seu deus... Para o iniciado, o ouro é tão somente um símbolo de perfeição, o meio para exercer uma ação benéfica nos seres humanos, esclarecendo-os, para elevar-lhes a alma e poupá-los dos males de que sofrem. Portanto, a panaceia que cura todos os males intelectuais, morais e físicos, está contida na pedra filosofal, preparação que não deve ser buscada fora do próprio homem, posto que a pedra, que se talha mediante os próprios meios, nada é senão a individualidade humana. Ela representa, portanto, um "estado", uma maneira de ser do sábio perfeito. Nesse estado acontecem maravilhas, pois nada, no domínio da concretização do bem, é impossível para o homem instruído em todos os mecanismos de sua realização. Sem dúvida, a teoria é muito mais fácil de compreender do que abordar com facilidade a prática efetiva dessa Arte. Os princípios da Ciência podem ser abordados, e as regras a seguir são formuladas sem dificuldade; mas a aplicação de uns e outros exige um talento raro que, somente ele, conduz ao verdadeiro Magistério dos Sábios. Trata-se de curar todas as enfermidades: tanto as do espírito e da alma como as do corpo. É a Arte dos sacerdotes e dos reis, vistos como agentes de uma harmonia suprema que todo adepto deve realizar em si mesmo para, a seguir, poder harmonizar outros.

A terapia, baseada na influência que um sistema nervoso exerce sobre outro, representa tão somente um ramo isolado da prática operatória familiar aos mais antigos iniciados. Nossos magnetizadores encontram confrades em todas as tribos "selvagens". Os efeitos da imaginação foram igualmente explorados desde os tempos mais remotos por hipnotizadores pouco preocupados com a teoria, muito mais poderosos por estarem eles mesmos sugestionados ao máximo.

Contudo, um empirismo grosseiro dominou o passado que se debatia na penumbra das crenças sem alcançar as luzes de uma ciência racional. Os próprios iniciados não tinham nenhuma ilusão com relação ao alcance de seus conhecimentos. O discernimento instruía-os sobretudo negativamente, daí a confissão do verdadeiro sábio que afirmava nada saber. Sem saber com precisão, ele conseguia apenas adivinhar, entrever, suspeitar verdades preciosas justificadas por longa experiência.

Assim nasceu a Tradição, que permanece vaga, mas na qual se inspira todo sério buscador de conhecimentos ocultos. Essa verdadeira Tradição jamais foi formulada como doutrina, não foi registrada em nenhum livro e ninguém pode recebê-la de boca a boca; o que é transmitido é apenas fumaça, e não luz. A clareza espiritual tampouco foi formulada como doutrina; ela não está registrada em nenhum livro nem pode ser comunicada como a chama de uma tocha. Nosso espírito não é uma lâmpada que acendemos artificialmente; ele é um foco que deve, por si mesmo, vencer a escuridão, para que, deixando de arder sob as cinzas, possa inflamar-se e resplandecer livremente. Ensinar a conquistar a Luz, aliás, é o objetivo da Iniciação propriamente dita, que se eleva acima das múltiplas iniciações menores, que são aplicações dos procedimentos iniciáticos a ensinamentos de importância secundária. Deste tipo são as iniciações formais que impressionam proveitosamente em seu domínio restrito. Sua modéstia situa-as acima das iniciações ocultistas que frequentemente procedem de ambições mesquinhas: desejo de brilhar por meio de conhecimentos ignorados pelas massas, ambição por poderes excepcionais.

O verdadeiro iniciado somente aspira a iluminação com a finalidade de atuar a serviço da realização do bem maior. Ele não tem curiosidade por nada extraordinário, nada deseja senão manter-se em silêncio e jamais se impõe, consagrando-se secretamente à tarefa que lhe é designada na realização da Grande Obra.

Desde os tempos mais remotos, a conquista da luz foi ensinada mediante imagens. Os poemas babilônicos mais antigos aludem a isso, assim como certos enigmas da mitologia. Essa busca visa à regeneração, a Redenção dos cristãos. É o Salvador do gênero humano que deve elevar-se em cada um de nós, pois os sábios tinham a firme convicção de que o Pai celestial somente interfere na Terra mediante a intervenção de seu Filho "encarnado" em nós. Uma vez que trazemos em nós o germe da razão divina, tornamo-nos razoáveis, bons e generosos, dedicados à salvação de todos!

O ouro espiritual, a pedra filosofal, a panaceia universal, traduzem a mesma ideia de remédio para todos os males que acometem a humanidade. Trata-se, para curar, de confiar em determinado medicamento? Isto é o que pensam os que pregam doutrinas de fé. Os iniciados não se atêm a terapias sugestivas. Eles são da opinião de que o indivíduo deve aprender a curar a si mesmo e saber vencer o que se opõe a seu estado de saúde física, moral e espiritual. Portanto, nada de prédicas ruidosas contra os vícios, mas de fazer morrer, em si mesmo, tudo que é vicioso. É inútil querer que os demais vejam as coisas de determinada maneira; trata-se de viver de modo exemplar, deixando livre cada um com suas opiniões. Fugir das discussões, mas agir corretamente, trabalhar em tudo pelo Bem universal.

> Busquem, pois, a "pedra" em vocês mesmos, e a encontrarão!
> Peçam por luz na sinceridade profunda do coração, e a receberão!
> Batam à porta do santuário da pura Tradição, e ela lhes será aberta!
> Porém, contem consigo mesmo, com seus bons sentimentos, e não
> se deixem extraviar por pontífices faladores!

O bem e o mal

As maiores e mais profundas discussões religiosas e filosóficas giraram e ainda giram em torno da questão da origem do bem e do mal. Essa origem é e permanecerá um mistério incompreensível para quem não se dá conta "da origem e do fim das coisas..."

Uma moral que não se preocupa com o destino supremo do homem pode ser útil, mas não deixa de ser imperfeita. Ademais, a liberdade humana jamais pode existir para os que são escravos de suas paixões. Ela não pode existir legitimamente para os que não creem na alma nem em Deus, para quem a vida não é mais que um clarão "entre dois vazios". Os primeiros são incapazes de raciocinar, pois estão acorrentados ao vício e apenas vivem para satisfazê-lo; os outros, cuja inteligência é cerceada, veem apenas a vida material e não têm nenhum outro desejo elevado, pois apenas o mundo físico permanece sua única satisfação.

O verdadeiro filósofo e o homem verdadeiramente religioso colocam sua liberdade a serviço de sua inteligência; eles sabem elevar-se acima do "conhecimento" comum. Eles veem com o "olho do Espírito" os três mundos que nos encerram: o mundo da matéria, primitivo, tenebroso, onde domina a animalidade; o mundo invisível do Espírito, morada das almas libertas, bem-aventuradas vidas da Providência divina; e entre os dois, o mundo da humanidade "livre" que mergulha nas trevas ou se eleva à Providência – erro de um lado, verdade do outro.

Desde os primórdios da era cristã, a grande pergunta que ocupava os filósofos era saber de onde vinha o mal que há no mundo. Para resolvê-la, alguns imaginaram que o Ser Supremo, infinitamente bom por natureza, não havia criado o mundo diretamente ele mesmo; que deixara essa tarefa a inteligências inferiores a quem ele havia dado o "ser"; que o mal que aí se encontra viera da impotência e da falta de habilidade desses espíritos secundários. Essa suposição apenas fazia postergar a dificuldade. Por que o Ser infinitamente bom, capaz de criar o mundo por si mesmo, teria encarregado trabalhadores cuja impotência e falta de habilidade ele teria previsto?

Hermógenes, assim como os estoicos, supunha que a matéria era eterna e incriada... Deus tirara o mal ou de si mesmo, ou do vazio, ou de uma matéria preexistente. Ele não pode tê-lo tirado de si mesmo, visto que Ele é indivisível e o mal jamais poderia fazer parte de um Ser soberanamente perfeito... Ele não pode tê-lo tirado do vazio: então teria sido possível não produzi-lo, e teria infringido sua própria bondade ao produzi-lo... Portanto, o mal provém de uma matéria preexistente, coeterna com Deus e cujos defeitos ele não pôde corrigir.

Recorreu-se então ao Gênesis para sustentar esse sistema, traduzindo-se, assim o primeiro versículo: "Do princípio, ou no princípio, criou Deus os céus e a terra...", o que significava que tanto Moisés quanto os estoicos haviam ensinado a "eternidade da matéria". Tertuliano refutou esse raciocínio explicando que "se a matéria é eterna e incriada, ela é igual a Deus, necessária e absoluta como Deus e independente de Deus. Deus apenas é soberanamente perfeito porque ele é o Ser absoluto, necessário, eterno, que existe por si mesmo... E por isso ele é imutável".

Assim, pois, não se pode, a princípio, supor uma matéria eterna e entretanto moldada pelo mal, ou uma matéria essencial e, contudo, imperfeita e limitada... Seria o mesmo que afirmar que o próprio Deus, ainda que essencial e existindo por si mesmo, é um ser imperfeito, impotente e limitado... Em seguida, podemos supor que a matéria é eterna e necessária, e imutável, mas que suas qualidades não são necessárias ou absolutas como ela, que Deus pôde mudar seu estado e dar-lhe um arranjo que não possuía. A eternidade ou a existência necessária não admite mudança, nem para bem nem para mal!

A hipótese da eternidade da matéria não resolve a dificuldade da origem do mal. Com efeito, se Deus viu que não podia corrigir os defeitos da matéria, deveria antes abster-se de formar seres que necessariamente deveriam participar desses defeitos. Porque, enfim, o que seria melhor dizer: que Deus não pôde corrigir os defeitos de uma matéria eterna, ou que Deus não pôde criar uma matéria isenta de defeitos... nem seres tão perfeitos quanto ele...? No primeiro caso, supõe-se que o poder de Deus é constrangido ou limitado por um obstáculo que está fora dele, o que é absurdo... No segundo caso, deduz-se que Deus não pode gerar seres infinitos ou iguais a Ele... o que é uma verdade evidente.

Moisés não disse "do princípio...", nem "dentro do princípio", como se se tratasse de uma substância, porém ele disse: "No princípio...". Pois bem, o princípio dos seres foi a criação mesma. Se Deus precisou de algo para realizar a criação, foi de sua Sabedoria, eterna como ele, de seu Filho que é o Verbo e o Deus-Verbo, pois o Pai e o Filho são Um... Podemos afirmar que essa Sabedoria não é tão antiga quanto a matéria? Que a matéria é superior à Sabedoria, ao Verbo e ao Filho de Deus? Que já não é o Filho de Deus semelhante ao Pai, e sim a matéria? Absurdo e impiedade!

Não se pode admitir uma matéria que seja ora corpórea ora incorpórea, ora má, nem supô-la infinita e não obstante submetida a Deus. A matéria é evidentemente limitada, posto que está encerrada no espaço; é, pois, necessário que ela tenha uma causa, pois nada é limitado sem que haja uma causa. Quanto à "permissão do mal", supondo-se que o mundo tenha sido criado do nada por um ser todo-poderoso, verificamos que o mal não é "contrário à bondade nem à onipotência de Deus, pois chegará um tempo em que tudo voltará à ordem..."

Essa questão da origem do mal foi resumida pelos primeiros Pais da Igreja – Tertuliano, Orígenes e Agostinho – na sexualidade. Isso provinha de uma necessidade de argumentar contra a sexualidade e do desejo de compreender seu poder. Princípio tenebroso do mal, que manteve obscurecido o cristianismo posterior a Agostinho. Em suma, um maniqueísmo mal explicado...

Malebranche (1638–1715), da Congregação do Oratório, ensinou o otimismo: "No mundo, tudo está da melhor forma possível; Deus não podia fazer nada que fosse mais perfeito do que ele fez, tendo em vista a ordem geral do Universo". Leibniz (1646–1716) adota o mesmo sistema de Malebranche: "A sabedoria suprema, unida a uma bondade não menos infinita, não podia deixar de escolher o melhor, pois, assim como um mal menor é uma espécie de bem, da mesma maneira um bem menor é uma espécie de mal, caso seja um obstáculo para um bem maior. E seria necessário corrigir algo nas ações de Deus, caso houvesse um modo de fazer melhor..."

Conciliar a existência do mundo mais perfeito com a existência do mal, imaginar possíveis mundos sem pecado e sem sofrimento, seria descobrir mundos mais inferiores em bem do que o nosso... É mais sábio examinar o mal que parece desfigurar o mundo terrestre.

O mal divide-se em: mal metafísico, mal físico e mal moral.

O mal *metafísico*, que é tão somente a própria imperfeição das criaturas, deve subsistir no mundo mais perfeito, uma vez que a criação não é suscetível da perfeição infinita que é própria de Deus.

O mal *físico*, ou o sofrimento, é um bem moral, pois é a punição para o mal moral. Ele é frequentemente também o princípio de um grande júbilo; e, em todo caso, nada prova que não exista atualmente ou que não venha a existir um dia uma compensação superabundante; três considerações que induzem a pensar que ele é mais um bem que um mal.

O mal *moral*, ou pecado, não é nem necessidade absoluta da criação nem meio efetivo de um bem maior; mas pode acontecer que a manifestação das perfeições divinas exija que Deus o permita. "É nesse sentido que Deus permite o pecado; ele falharia consigo mesmo, com sua sabedoria, com sua bondade, com sua perfeição, se não escolhesse o que é absolutamente o melhor." Essas reflexões supõem que Deus esteja submetido à regra do melhor, que não sofre em si nem exceção nem isenção; dever irrealizável, porque seja qual for o bem que Deus faça, ele sempre pode fazê-lo melhor. É impossível que em suas obras haja algo tão excelente que ele não possa superar...

Falando dos albigenses, os historiadores da Igreja nos dizem que "esse nome designa, na História, uma confederação de heréticos do século XII: petrobusianos, henricanos, arnaudistas, valdenses, cátaros... ". Um pouco mais adiante dizem: "Os albigenses propriamente ditos, tanto maniqueus como búlgaros (bogomilos), haviam, contudo, modificado o sistema de Manes (Mani). Reconheciam um Deus supremo, mas pretendiam que, como com todos os anjos, esse Deus havia criado também Lúcifer, este último havia se rebelado e convertido no autor do mal". No ano de 1179, o Concílio de Latrão lançou um anátema contra esses hereges e acrescentou "os brabançons, aragoneses, navarros, vascos, cottereaux[30]..." A lista era suficientemente longa para justificar a terrível cruzada contra os albigenses... E o mesmo autor busca, numa tentativa desastrada, achar uma desculpa válida para esses horrores: "Nestes últimos tempos – portanto, antes do aniquilamento do catarismo pirenaico, o que é bastante perturbador –, os maniqueus, por conseguinte os cátaros, haviam abandonado seu dogma fundamental: a hipótese dos dois princípios. Eles já não falavam do princípio do mal do mesmo modo que falamos do demônio".

O abade Guyot, historiador da sociedade de São Vítor, de cuja "Heresias",[31] citamos alguns extratos, abre-nos precisamente uma via que nos é bastante conhecida e querida: os anjos, o demônio. Entramos nela resolutamente, seguindo o divino Mestre, para, por nossa vez, compreender a origem do mal.

A Epifania, como sabemos, é a manifestação da Luz, da Luz que cria a razão nas almas e que emana da Sabedoria divina. Dela vem a Ciência que faz nascer a liberdade. "Eis que Adão se tornou como um de nós", diz Deus no Gênesis, o que foi traduzido como "Eis que estou só, no céu, e o homem está só, na terra..."

Paulo não quer que nos ocupemos com o que ele denomina *vanitas fabulas* sobre a genealogia dos anjos. Como nada disso pertence à ciência nem à fé, não seria acolhido pela poesia racional. A queda original nada mais foi que uma queda moral semelhante aos passos em falso da criança que está aprendendo a caminhar; e quanto aos anjos, não esqueçamos que reis destronados já não são reis e que chefes de malfeitores não são tolerados em terras bem governadas. Ninguém pode amar o mal pelo mal; ama-se o mal quando ele é tomado erroneamente por um bem:

> Os anjos rebeldes sentiram inveja de Deus, e quiseram criar.
> A mulher sentiu inveja do Verbo, e quis saber.
> O homem sentiu inveja do Paracleto, e quis amar.

Aqui estão os três aspectos: Poder, Sabedoria, Amor! Todos quiseram caminhar sozinhos, e Deus retirou sua mão. Não porque se tivesse encolerizado, mas por respeito à

30. Cottereaux: nome dado aos grupos de mercenários.
31. Guyot. *Dictionnaire universel des hérésies, des erreurs et des schismes* (Dicionário universal das heresias, dos erros e dos cismas). Paris, 1847.

livre vontade de suas criaturas. Assim, pois, ele tomou sobre si a responsabilidade dos pecados e do mal de suas criaturas, e assumiu, apenas para si, na pessoa de seu Filho, a imensidade da expiação.

O anjo caído também é chamado de "Legião". Satanás é uma grande multidão, não um personagem; é um espírito, ou melhor, uma maneira de ser dos espíritos. Seu verdadeiro nome é orgulho, ambição, desejo imoderado... Aí está o verdadeiro fogo do inferno, infinito e desapiedado, posto que é a própria vida. Somente Deus é Espírito puro. Os demônios, os diabos, não podem existir em nossa atmosfera: são impotências que a justiça eterna equilibra, rechaça, tritura... segundo sua necessidade. Impotências, princípios negativos, fantasmas, sombras do não ser, radiação escura do vazio. Um princípio negativo não é um princípio, é um contrassenso, como a casualidade e o vazio.

"Chegará o dia em que tudo voltará à ordem. Deus é Amor...", diz Tertuliano. "Mediante seu arrependimento, as almas participam da graça da redenção universal. A bondade divina não exclui nem mesmo Lucibel", acrescenta Orígenes. Por meio de nossa Igreja, o próprio Lucibel será reconduzido ao Pai...

O catolicismo retrógrado, como vimos, é apenas um maniqueísmo disfarçado. Não existem dois Príncipes deste mundo: o Rei Cristo não poderia dividir sua coroa com o Rei Satanás. "O príncipe deste mundo já foi julgado", dizia Cristo há quase vinte séculos. E em outra parte: "Eu via Satanás, como um raio, cair do céu". O raio, com efeito, caiu do céu para iluminar a terra. O diabo caiu do céu, provocando um medo idêntico ao medo dos deuses que o trovão nos inspirava. "Não há nada em comum entre mim e o diabo", dizia o Mestre. O diabo é mentiroso como seu pai... espírito de cegueira, de fatalidade e de vertigem...

A luz penetrou agora no antro, o diabo é conhecido e já não usurpará o lugar de Deus. Porque assim se deve explicar a lenda do combate travado no céu. O céu é a religião, e é no espírito dos homens que a mentira consegue fazer-se adorar em lugar da verdade... A obstinação humana crê-se infalível... Eis aí a razão de ser do diabo. O verdadeiro diabo é a besta, ou melhor, a estupidez no homem, que está – ou estará – sempre errado quando quiser arrazoar com o Espírito.

Se Jesus, o Nazareno, tivesse sido reconhecido e tivesse sido acolhido pela sinagoga, o mundo teria passado da idolatria para o paracletismo ou para o messianismo sem passar pelas sangrentas sombras da barbárie pseudocristã. O diabo jamais teria existido, pois o diabo é filho do catolicismo, sim, ele é o próprio catolicismo, segundo *Père* Ventura, que foi horrivelmente martirizado e em seguida queimado. Não há uma só palavra sobre o diabo no catecismo dos hebreus. O diabo ou os demônios é a Idade Média, com seus fantasmas, suas cruzadas, suas fogueiras... O diabo é a Inquisição, torturando o gênio e amordaçando a Ciência. "Quantos católicos, inclusive os bonachões monges cartusianos, vendedores de rosários, não adoram ainda o diabo sem o saber?", ousou perguntar o valente Guilherme Postello aos padres do Concílio de Trento... Por quanto tempo ainda esse "rei fantasma" arrastará atrás de si os partidários da ignorância? Ou melhor, por quanto tempo a ignorância humana permitirá que essa absurda criação da mentira subsista? Ninguém sabe dizê-lo...

Mas, ao menos nós, homens do progresso, já não recuemos nem temamos a vertigem. "Renuncio a Satanás" diz a criança ingênua ao dar seus primeiros passos no mundo... E acrescenta: "Uno-me a Jesus Cristo". Essas são também nossas palavras e a elas acrescentamos algumas explicações, que agora certamente serão compreendidas: "Renuncio a Satanás, ao mal: orgulho, ambição, desejo imoderado. Uno-me mais, se possível, a Jesus Cristo: ao Bem, seguindo o Divino Mestre no "Caminho do Santo Graal", caminho da Perfeição, com o supremo mandamento: "Faça o bem, evite o mal!"

A ressurreição espiritual

O esoterismo cristão sempre existiu por trás da fachada impassível da Igreja e do tumultuado palco da história, assim como a surda luta das almas existe por trás dos conflitos exteriores, como as correntes profundas do oceano correm sob o rolar das ondas. Ele existiu entre os gnósticos, entre os maniqueus, os monges celtas, os primeiros cavaleiros da Távola Redonda e a Ordem do Santo Graal, os cátaros, os albigenses, os templários e os rosa-cruzes, assim como entre os fundadores da Academia platônica de Florença...

Mas, onde encontrar a origem dos laços secretos de todas essas manifestações, quando a Igreja e os poderes seculares apagaram suas pegadas por toda parte e destruíram seus arquivos? Se o esoterismo ocidental existe, e disso eu estou certo, ele deve ter seus representantes e seu apóstolo. Certamente eu não o verei, mas esse apóstolo virá... Virá como uma resposta necessária ao grito que jorra das entranhas do século XX.

O Evangelho de João apresenta, do princípio ao fim, as características da mais elevada iniciação. Os cátaros, os rosa-cruzes, encontraram nesse Evangelho uma familiaridade, um realismo comovente, detalhes preciosos e arrebatadores que denunciavam uma intimidade especial entre o discípulo e o Mestre. Reconhecemos nesse evangelho a influência alexandrina quanto à forma adotada pelas ideias...

Essas observações são válidas para todo o relato da Paixão de Cristo, em particular para todos os acontecimentos em Betânia, dentre os quais a ressurreição de Lázaro é o mais importante! Lázaro, que João designa simplesmente como o irmão de Marta e Maria de Betânia, é o personagem mais enigmático e singular dos evangelhos. Somente João o menciona; os evangelhos sinóticos desconhecem-no. Ele apenas aparece na cena da ressurreição! Quando o milagre é realizado, ele desaparece como por um alçapão... Não obstante, ele faz parte do grupo dos que estão mais próximos a Jesus, que o acompanha até o sepulcro. Assim, pois, apresenta-se uma dupla interrogação; perguntamo-nos quase que involuntariamente: Quem é esse vago indivíduo Lázaro que passa como um fantasma em meio a outros personagens, tão vivos e tão claramente delineados no relato evangélico? Que significa, por outro lado, sua ressurreição? Segundo a tradição geral, Jesus teria tão somente ressuscitado Lázaro para provar aos judeus que ele era o Messias... Isso, porém, reduziria Cristo ao nível de um taumaturgo vulgar! A crítica moderna, que nega o conjunto todo do que a incomoda, resolve a questão declarando que esse milagre, assim como todos os demais, não passa de um jogo da imaginação popular... Seria como afirmar que toda a história de Jesus foi inventada e que Cristo jamais existiu! A ideia da ressurreição é o centro do pensamento cristão e o princípio de seu impulso. Interpretá-la e compreendê-la, reduzi-la a leis universais é necessário, mas suprimi-la pura e simplesmente é privar o cristianismo de sua luz e força. Sua alavanca desaparece com a alma imortal!

Assim, o catarismo pirenaico e a tradição rosa-cruz nos oferecem desse perturbador enigma uma solução tão exata quanto luminosa, uma vez que ela está baseada no mistério da morte no antigo Egito de Hermes. Porque, essa solução ao mesmo tempo retira da penumbra a figura de Lázaro e devolve à sua ressurreição seu sentido esotérico, sua verdade transcendental! Para os que rasgaram o véu da ilusão, Lázaro não é outro senão o próprio apóstolo João... Se ele não o disse, foi por uma espécie de pudor de alma e admirável modéstia que os discípulos de Jesus impunham a si mesmos. O desejo de não colocar-se acima de seus irmãos impediu-o de narrar, em seu próprio nome, o maior acontecimento de sua vida, o que o converteu em um iniciado de primeira ordem... Daí a máscara de Lázaro, da qual o apóstolo João se serviu nessas circunstâncias. À luz desse fato, sua ressurreição adquire uma dimensão e revela-se a nós como a fase mais importante da iniciação antiga, a iniciação do terceiro grau!

Explicamos a iniciação dos puros, dos perfeitos, em nosso livro *No caminho do Santo Graal*. Os cátaros, fiéis discípulos do Divino Mestre, eram também os continuadores dos mistérios egípcios! No Egito, após longas provas, o candidato era mergulhado pelo hierofante em sono letárgico e passava três dias num sarcófago colocado no templo (o sarcófago místico, símbolo do mistério, estava colocado na Grande Pirâmide). Durante três dias, o corpo físico, tornado frio como mármore, tinha toda a aparência da morte, enquanto o corpo astral, completamente desprendido, podia desdobrar-se livremente no cosmo. O corpo etérico, sede da vida e da memória, também se desprendia e seguia o corpo astral, deixando de si mesmo no corpo material apenas o necessário para impedir a morte.

Ao despertar do sono provocado pelo hierofante, o homem que saía do sarcófago já não era o mesmo: sua alma havia viajado pelo outro mundo, do qual se lembrava. Ele havia se convertido num verdadeiro iniciado, membro da "Corrente mágica", associado, segundo uma antiga inscrição, à "Falange dos Deuses superiores"...

Cristo, cuja missão foi revelar os mistérios aos olhos do mundo inteiro e expandir sua esfera de ação, quis que seu discípulo preferido atravessasse "a prova suprema que conduz ao conhecimento direto da Verdade". De acordo com o próprio texto do evangelho, tudo foi como ele quis e preparou de antemão. "Pois, como Jonas esteve no ventre da baleia três dias e três noites, assim estará o Filho do Homem três dias e três noites no seio da terra", ele já havia dito em Mateus (12:40).

Maria envia uma mensagem a Jesus, que prega na Galileia, dizendo: "Senhor, está enfermo aquele a quem amas... " "Aquele" designa claramente o apóstolo João, o discípulo a quem Jesus amava. Porém Jesus, em vez de apressar-se, espera mais dois dias e diz a seus discípulos: "Esta enfermidade não é para morte, mas para a glória de Deus, para que o Filho de Deus seja glorificado por ela... Nosso amigo Lázaro adormeceu, mas vou para despertá-lo..." "Então, Jesus lhes disse claramente: Lázaro morreu!..." (Jo 11:4,11,14). Lázaro estava morto, "materialmente", havia três dias e três noites!

Assim, pois, Jesus sabe de antemão o que quer e o que fará. Ele chega precisamente a tempo para o acontecimento que havia previsto e preparado. Então, em presença das irmãs desconsoladas e dos judeus que se haviam apressado para vê-lo, diante da tumba entalhada na rocha, cuja pedra havia sido retirada, e onde dormia, em seu sono letárgico, aquele que acreditavam morto, o Mestre chama: "Lázaro!... Vem para fora!" Aquele que se levanta diante da multidão surpresa não é o Lázaro lendário, pálido fantasma que ainda carrega sobre si a sombra da tumba, mas um homem transfigurado, com a fronte radiante!... É o Apóstolo João... e já chamejam em seus olhos os clarões de Patmos, pois ele contemplou a luz divina: durante o sono ele vivenciou a eternidade. Sua suposta mortalha tornou-se a "veste de linho do iniciado"...

Então ele compreende o significado das palavras do Mestre: "Eu sou a ressurreição e a vida!" O Verbo criador: "Lázaro!... Vem para fora!", ecoou até a medula de seus ossos e fez dele um "ressuscitado segundo a alma e o corpo". João sabe agora por que ele é o "discípulo a quem Jesus ama acima de todos os demais", pois apenas ele o compreende a fundo. Ele é o iniciado e o vidente que seguiu e seguirá o Mestre até os pés da cruz, até a noite da tumba e os resplendores do Pai!

A Transfiguração

Na iniciação pitagórica, a Epifania, ou "visão do alto", era a "percepção do conjunto, que deve seguir-se à contemplação espiritual". Era a compreensão e a assimilação profundas das coisas vistas em Espírito: a contemplação devia conduzir "a uma síntese do cosmo", a coroação iniciática. É a instrução dada por Cristo a seus apóstolos, o fenômeno da transfiguração.

Jesus via tudo o que tramavam contra ele à sua volta: os fariseus e os saduceus espreitavam seu retorno para aprisioná-lo; em consequência das calúnias que derramaram contra ele na Grande Sinagoga, muitos desertaram. Acusaram-no, horror supremo, de blasfêmia e de sacrilégio! Os assaltos do ódio obscureciam cada vez mais sua formosa auréola. A morte de João Batista, decapitado por Herodes, foi para ele uma triste advertência de sua hora final...

Mas teriam seus seguidores compreendido bem seu Verbo e sua Missão? Mergulhados como estavam na mentalidade judaica, temos de reconhecer que eles imaginavam o Messias como um senhor que dominaria os povos pela espada. Eles eram incapazes de apreender o glorioso papel de Cristo na história. Jesus Cristo decidiu então "preparar seus três Eleitos" para essa compreensão.

Com relação a isso, Mateus nos informa o seguinte (Mt 17:1–8):

> Seis dias depois, tomou Jesus consigo a Pedro, e a Tiago, e a João, seu irmão, e os conduziu em particular a um alto monte, e transfigurou-se diante deles; e o seu rosto resplandeceu como o sol, e as suas vestes se tornaram brancas como a luz. E eis que lhes apareceram Moisés e Elias, falando com ele. E Pedro, tomando a palavra, disse a Jesus: Senhor, bom é estarmos aqui; se queres, façamos aqui três tabernáculos, um para ti, um para Moisés, e um para Elias. E, estando ele ainda a falar, eis que uma nuvem luminosa os cobriu. E da nuvem saiu uma voz que dizia: Este é o meu amado Filho, em quem me comprazo; escutai-o. E os discípulos, ouvindo isto, caíram sobre os seus rostos, e tiveram grande medo. E, aproximando-se Jesus, tocou-lhes, e disse: Levantai-vos, e não tenhais medo. E, erguendo eles os olhos, ninguém viram senão unicamente a Jesus.

Rafael Sanzio, angélico e platônico, pintou esse acontecimento em sua obra *A transfiguração*. Os três mundos estão nela claramente separados e representados em três grupos:

> o mundo físico ou terrestre,
> o mundo anímico ou astral,
> o mundo divino ou espiritual.

Eles formam os três níveis do quadro, com o mundo anímico ou astral em segundo plano, e o mundo divino ou espiritual dominando e penetrando os outros dois com seu resplendor. Ao pé da montanha, podemos ver os apóstolos não iniciados e a multidão. Eles arrazoam e discutem com gestos animados acerca de um milagre, mas não veem Cristo... Somente o possuído pelo Espírito, que foi curado e se encontra entre eles, vê a visão e dá um grito. Nos demais, os olhos da alma ainda não foram abertos! No alto da montanha, Pedro, Tiago e João dormem profundamente. Eles ainda não são capazes de experimentar a visão do espírito em estado de vigília. Cristo, que aparece flutuando sobre as nuvens resplandecentes entre Moisés e Elias, representa a visão dos três Eleitos. Ao contemplar e compreender essa visão, os três apóstolos iniciados têm diante de si, nessas três figuras, um resumo de toda a evolução divina.

Moisés, o profeta do Sinai, o formidável compilador do Gênesis, representa a história da terra desde a origem do mundo. É todo o *passado*...

Elias representa Israel e todos os seus profetas, anunciadores do Messias. É o *presente*... O próprio Cristo é a encarnação transparente e radiante do Verbo solar, o Verbo criador que sustém nosso mundo desde a origem, e que, agora, fala através de um homem! É todo o *futuro*...
A voz ouvida pelos apóstolos é o Verbo universal do Pai, do Espírito puro de onde procedem todos os Verbos; é a voz que somente os clarividentes ouvem. Nesse instante, único e solene, ela se traduz em linguagem humana para os apóstolos. A visão do monte Tabor compreende toda a evolução divina e humana. A "transfiguração" foi o início de um novo modo de ascensão e de visão espiritual profunda!

A via-crúcis

Nem a Antiguidade, que já chegava ao fim, nem mesmo os estoicos haviam compreendido Cristo e seu caminho de cruz melhor que Pilatos. Eles haviam percebido tão somente o exterior doloroso e aflitivo, com sua aparente inércia, que lhes causava indignação. Porém, todos os atos da vida de Jesus têm tanto um sentido simbólico quanto um efeito místico sobre toda a humanidade, presente e futura.
A via-crúcis, evocada em imagens astrais pelos santos da Idade Média, tornou-se para eles instrumento de iniciação e aperfeiçoamento. Os cavaleiros de São João e os templários, os cruzados que conceberam a conquista de Jerusalém a fim de convertê-la na capital do mundo, os cátaros, os misteriosos rosa-cruzes que prepararam a reconciliação entre a ciência e a fé... o Templo do Espírito... a confraternização do Oriente com o Ocidente em elevada Sabedoria. A Fraternidade Universal... todos esses homens de ação espiritual, no mais intenso sentido da palavra, deviam encontrar na *Paixão* de Cristo uma fonte incalculável de forças.
Quando tinham a visão da *Flagelação,* a figura machucada de Cristo lhes dizia: "Aprende de mim a permanecer impassível sob o látego do destino, a resistir a todos os sofrimentos, e adquirirás um novo sentido: a compreensão de todas as dores, o sentimento de unidade com todos os seres. Porque foi assim que consenti em sofrer pelos homens, para penetrar até o âmago de sua alma..."
A *Coroa de Espinhos* ensinava-lhes a enfrentar o mundo em sentido moral e intelectual, a suportar o desprezo e o ataque ao que nos é mais caro. Ela lhes dizia: "Permanece de pé, quando todo mundo te golpeia. Aprende a dizer 'sim' quando todos dizem 'não'. Somente assim serás *tu mesmo!*"
A cena do *Carregamento da Cruz* ensinava-lhes outra virtude, e lhes dizia: "Aprende a carregar o mundo em tua consciência, assim como Cristo consentiu em carregar sua cruz para identificar-se com a Terra... Aprende a carregar teu corpo como algo exterior! É preciso que o Espírito sustente o corpo com sua vontade, do mesmo modo

que a mão sustenta o martelo...". Assim, não foi a passividade que o mistério da Paixão ensinou ao Ocidente e aos povos do Norte, mas sim uma energia nova mediante o Amor e o Sacrifício.

O acontecimento do *Gólgota* é a fase final da vida de Cristo, o selo aposto à sua missão e, portanto, o mistério mais profundo do cristianismo. Apesar do desespero do suplício, ele continua sendo o Messias. Ele perdoa seus verdugos, ele consola o ladrão que conservou a fé. Para esvaziar seu cálice, ele tem de chegar ao sentimento de "solidão derradeira", que o fará dizer: "Pai! Por que me abandonaste?", seguido da suprema palavra "Está consumado". Selo do Eterno na fronte dos séculos assombrados.

O último grito saiu do peito do crucificado, estridente como o som de um clarim, tão terrível e potente que os legionários romanos recuaram, balbuciando: "Será ele o Filho de Deus?" Jesus morreu... Dele restava apenas "o cadáver pendurado na cruz". Mas nos mundos astral e espiritual jorrou um "relâmpago", seguido de um trovão... Num só alento, a alma de Cristo reintegrou-se com sua aura solar.

E, no templo de Herodes, o esplêndido véu que ocultava o tabernáculo rasgou-se de alto a baixo no momento em que Jesus expirou! No santuário, "a arca de ouro ladeada com seus *querubins* de ouro maciço" mostrou-se aos olhos profanos: o próprio grande pontífice devia penetrar ali apenas uma vez por ano... Que sentido profundo nesse símbolo!... A imagem do *querubim* com corpo de leão, asas de águia e cabeça de anjo é semelhante à da Esfinge. Ela simboliza a inteira evolução da alma humana, sua descida na carne e seu retorno ao Espírito. Graças a Cristo, o véu do santuário foi rasgado e o enigma da Esfinge foi resolvido!

Desde então, o mistério da Vida e da evolução divina está aberto a todos os que *ousam e querem.*

Voltemo-nos agora para o acontecimento essencial da iniciação egípcia que se tornaria mais tarde a iniciação dos puros, dos perfeitos, na época do catarismo pirenaico. O iniciado passava três dias e três noites num sarcófago. Durante esse tempo, ele realizava sua viagem no outro mundo, proporcionalmente a seu grau de desenvolvimento. Pelo fato de recordar-se disso no momento do despertar e de ter visitado por antecipação o reino dos mortos, ele era como um ressuscitado e nascido duas vezes, segundo a linguagem dos templos. Também Cristo, como Jonas no ventre da baleia e Mateus no livro *No caminho do Santo Graal*, ele realizara sua viagem cósmica durante sua descida ao sepulcro, antes de sua ressurreição espiritual diante dos olhos dos seus.

Vemos aqui novamente um paralelismo entre a antiga iniciação e os novos mistérios revelados ao mundo por Cristo. Paralelismo, mas também uma ampliação imensa, pois a viagem astral, "o caminho das Estrelas" de um Deus que havia passado pela morte terrena, deveria ser de outro tipo e de alcance muito maior que o bordejar de um simples mortal no reino dos mortos na barca de Ísis! Barca que era na realidade o próprio corpo etérico do iniciado, arrancado do corpo físico pelo Mestre e levado ao torvelinho das correntes astrais...

Aqui, torna-se indispensável uma simples explicação: duas correntes psicofluídicas, duas correntes etéricas, envolvem o globo terrestre com seus múltiplos anéis, à semelhança de serpentes em contínuo movimento. A primeira corrente, denominada Horebe por Moisés e Érebo por Orfeu, pode ser chamada força centrípeta, pois tem seu centro na terra e atrai para si tudo que cai em seu fluxo torrencial. É o abismo das gerações, do desejo e da morte, a esfera da prova. Todas as almas ainda entregues a paixões terrenas são arrastadas por seus redemoinhos e turbilhões, um vasto purgatório. A outra corrente, denominada Jonas por Moisés, pode ser chamada de força centrífuga: nela reside a força de expansão, tal como na primeira reside a da contração, e encontra-se em ligação com todo o cosmo. Por meio dela as almas se elevam ao sol e ao céu; e também por ela chegam a nós as influências divinas; por ela Cristo desceu sob o símbolo da Pomba... Os iniciados, preparados, souberam unir-se à corrente de Jonas; mas a massa de almas demasiado materializadas permaneceu nas regiões do Horebe...

Cristo mostrou a essas almas extraviadas os caminhos celestes, exatamente como o segundo círculo do inferno de Dante. Assim, a missão de Cristo devia iluminar e ampliar a vida depois da morte, do mesmo modo que ele havia iluminado e ampliado a vida sobre a terra! Contudo, o essencial dessa missão era introduzir a certeza da ressurreição espiritual no coração dos apóstolos, que deviam expandir seu pensamento por todo o mundo. Após ter ele mesmo ressuscitado, era necessário ressuscitar neles e por eles, e fazer pairar esse fato sobre toda a história humana futura. A ressurreição de Cristo deveria ser a promessa da ressurreição das almas nesta vida, assim como sua fé na outra vida.

Essa fé não se apoderou dos apóstolos de repente. Ela devia insinuar-se neles como uma voz mais ardorosa a cada pulsar do coração, como um alento de vida que se comunica. As aparições de Cristo são gradativas por produzirem efeitos cada vez maiores:

> No sepulcro... "Maria... Não me toques! Vai e diz aos apóstolos que ressuscitei!"
>
> Aos onze discípulos reunidos a portas fechadas numa casa em Jerusalém, onde ele lhes diz para encontrá-lo na Galileia.
>
> No crepúsculo patético de Emaús, divino curador de almas, que reaviva a fé.
>
> Na praia do lago de Tiberíades, onde ele prepara Pedro e João para seu árduo destino.

> Por último, numa montanha da Galileia, onde ele lhes dirige estas últimas palavras: "Ide e pregai o evangelho a todas as nações... Eis que estarei convosco até o fim do mundo!"

Adeus solene do Mestre! Um pouco mais tarde, mais uma vez Cristo aparecerá de maneira excepcional a seu adversário Paulo, no caminho de Damasco, a fim de convertê-lo em seu mais apaixonado defensor. De uma clareza vitoriosa, dessa visão e dessa palavra fulgurante nascerá a missão do "apóstolo dos gentios", que converterá a Cristo o mundo greco-latino e, por meio deste, todo o Ocidente.

Essa irradiação divina, prolongada pelo fenômeno da "ressurreição espiritual", criou as primeiras comunidades cristãs, e isso era seu único necessário. Para elas, todo o passado da humanidade, todas as religiões, toda a iniciação antiga e toda a ciência adquirida pela Ásia, pelo Egito e pela Grécia se confundiam com a decadência greco-latina: apenas Cristo existia! Apesar disso, durante os dois primeiros séculos, certo número de comunidades cristãs conservou o antigo princípio da iniciação hierárquica e gradual. Isso era chamado de "Gnosis". A união com Cristo era para elas um fenômeno místico, superior a todos os outros, uma realidade ao mesmo tempo individual e coletiva.

Quando, porém, foi proclamado o "dogma de que a fé na Igreja estabelecida substituía todo o restante", o princípio da iniciação foi suprimido, e a fé cega substituiu o verdadeiro conhecimento! Alguns grandes doutores da Igreja construíram uma metafísica notável, combinando o sistema de Aristóteles e de Platão com o cristianismo. Porém, faltava-lhes o que o espírito moderno exige: "o conhecimento da natureza e a ideia da evolução psíquica".

Os sábios iniciados velavam e conservavam piedosamente o mais importante dos mistérios. A Gnosis velava para ampliar, dias após dia, de maneira crescente, o círculo dos grandes pensadores e dos sábios, dos quais a Idade Média viveu um período de grande esplendor e fraternidade: a Fraternidade Universal expandia ao longe seu Templo do Espírito! Os cátaros na Occitânia, os maniqueus na Ásia e na Bulgária, os rosa-cruzes no norte da Europa, os templários da Ásia Menor e Europa, propagaram um cristianismo depurado e verdadeiramente apostólico. Mas a realeza e o Papa puseram-se de acordo para destruir o Templo do Espírito: as cruzadas denominadas albigenses, a perseguição encarniçada aos cátaros durante mais de cento e vinte anos, o total extermínio dos templários, o aniquilamento de seus arquivos e de seus objetos de uso ritual foram as "Vésperas sicilianas da monarquia absoluta contra a Cavalaria independente e da noite de São Bartolomeu romana contra o esoterismo cristão".

Uma era fecunda para a ciência oculta no Ocidente somente tem início com o intangível "Cristão Rosa-Cruz", o grande renovador da Rosa-Cruz no século XIV. Ele teve a genialidade de prever a necessidade da união entre a mística cristã e a ciência nascente e

de compreender a necessidade de relacionar a ciência ocidental com a sabedoria oriental para preencher o abismo que se estava formando no espírito humano e preparar um amortecedor para os formidáveis golpes que viriam. Podemos afirmar que os grandes filósofos ocultistas do século XVI foram impregnados com seu alento renovador.
A grande ideia que domina esses sábios sutis e buscadores intrépidos é o paralelismo absoluto, a harmonia profunda que reina entre o microcosmo e o macrocosmo, isto é, entre o homem e o universo. A hierarquia dos reinos na constituição do universo – o reino mineral, o vegetal, o animal e o humano – corresponde à hierarquia das forças na constituição do homem: o corpo físico, o corpo etérico ou vital, o corpo astral ou dinâmico, e o eu consciente. O homem, como extrato de todo o universo, torna-se, então, a imagem de Deus!
Isso é uma descoberta de alcance incalculável e o centro radiante da verdade esotérica. É certo que essa verdade se encontra implicitamente contida nas antigas mitologias, sob a forma de imagens e símbolos. Porém, os filósofos do século XVI expuseram-na pela primeira vez e demonstraram-na cientificamente. Neles, a visão intuitiva combinava-se com a consciência racional.

Os primeiros iniciados do Santo Graal contavam uma maravilhosa lenda acerca de Lúcifer. Os cátaros e os rosa-cruzes retomaram esse símbolo, conferindo-lhe todo seu alcance. Ao cair das esferas da luz incriada até o círculo tenebroso da terra, o arcanjo rebelde lascou a ponta de uma estrela. Nessa pura pedra celeste, nesse *lapis ex coeli*, foi entalhado o cálice no qual foi recolhido o sangue de Cristo, a continuação da Taça da Aliança. Assim, pois, a alma humana que herdou de Lúcifer seu eu, com sua inextinguível crescente sede de individualidade, será preenchida, gota a gota, do Amor divino que provém de Cristo. Tão logo a alma tenha compreendido o alcance do significado do sacrifício da cruz e completado sua missão, o arcanjo Lúcifer, liberado e mais radiante que nunca, converter-se-á no "deus do planeta Vênus", que lhe foi destinado desde o princípio e pelo qual sente uma nostalgia lacerante. Só então Cristo se identificará totalmente com a terra e a humanidade.
A cruz preta, símbolo de pecado, expiação e morte, converter-se-á então na cruz branca, a cruz de luz, símbolo resplandecente da ressurreição, de onde descem as rosas do Amor eterno, *rosas vivas* e perfumadas como as bocas angelicais!

O Espírito vela pela Gnosis

Todas as grandes religiões têm uma história exterior e outra interior, a primeira aberta ou exotérica, e a segunda oculta ou esotérica. Os mitos, as doutrinas e as lições que se ensinavam nas escolas ou templos, pertencem à primeira categoria, assim como os cultos e as expressões populares da fé. O ensinamento secreto, a atividade oculta dos grandes iniciados e a profunda ciência dos profetas ou dos reformadores pertencem à segunda categoria. A história oficial transmitida por toda parte desenrola-se em plena luz. Devido às mudanças e adaptações que se praticavam com frequência, seu sentido foi desviado e perdido e, muitas vezes, obscurecido e tornado pesado. A história, a transmissão dos mistérios, foi conservada cuidadosamente no recôndito dos templos por aqueles que sabiam verdadeiramente e velavam sem ininterrupção para mantê-la em seu estado original. Ela não podia ser revelada ao grande público, que não saberia compreendê-la. Somente estudando-a de seu lado interno é possível entender e compreender a causa e a origem desse admirável trabalho dos séculos engendrado pela verdadeira Religião e Sabedoria.

O cristianismo interior é, sem dúvida, a única religião mundial em que Cristo revelou sua doutrina: a doutrina interior jorrada diretamente dos evangelhos. As tradições essênias e gnósticas, assim como o Evangelho de João, o discípulo que conhecia perfeitamente a elevada missão de Jesus, mediante sua doutrina interior, esotérica, testemunham de uma luz radiante e incomparável.

O esoterismo cristão sempre existiu por trás da cena tumultuada da história. Ele manifestou-se entre os gnósticos, os cátaros, os rosa-cruzes, os templários, os cavaleiros da Távola Redonda e a ordem do Santo Graal, bem como entre os fundadores da Academia platônica de Florença. Desses profundos impulsos jorraram os grandes movimentos históricos: as conversões ao cristianismo, as cruzadas da Idade Média, a Renascença e a Reforma. Não obstante, é muito difícil encontrar a origem e os laços secretos de onde emanaram todas essas manifestações espirituais, pois seus inimigos destruíram sem trégua todos os seus arquivos e tentaram apagar qualquer rastro; e, sobretudo, com um silêncio obstinado e intencional, mascararam a verdade aos buscadores e historiadores.

Mas... a Gnosis não dormita! O Espírito vela por ela e a protege. O Espírito sempre se manifesta onde lhe convém. Desde o começo de nossa era, têm existido pequenos grupos de homens, desconhecidos e perseguidos, porém poderosos e indestrutíveis, para quem o supremo objetivo e a constante preocupação tem sido a reconciliação da corrente cristã com a corrente luciferiana: unir num só organismo, num todo vivente, a fé e a razão, a religião e a ciência, com o intuito de elevar a antiga iniciação às alturas da revelação de Cristo.

Esses grupos minoritários, esses destituídos, foram sempre considerados "hereges", e até magos. Eles são encontrados em quase todo lugar, espalhados por todos os países, em todas as profissões e em todas as classes sociais: filósofos, curandeiros, rabinos, eruditos, monges taciturnos, mas também entre os pastores sonhadores e os narradores de histórias. Uma simpatia secreta une esses membros dispersos. Eles são os irmãos e irmãs de alma vivente, os mártires do verdadeiro pensamento.
Outra coisa eles não podem fazer senão amar e crer, e estão plenos do desejo de saber e compreender! Há em seu ser uma única força, uma única consciência, uma única vontade. Eles floresceram entre os gnósticos. Mediante seus escritos e iniciativas, reconhecemos que eles captaram o sentido profundo do Verbo divino no universo, tal como o expressaram sublimes figuras cuja última e mais radiante foi Cristo.

No século XIV, o misterioso Cristão Rosa-Cruz inaugura uma nova era para a sabedoria oculta do Ocidente. Os grandes conhecedores da vida interior no século XVI e início do século XVII, entre os quais se encontram Cornélio Agrippa de Nettesheim, o alquimista Teofrasto Paracelso e o sapateiro Jacob Boehme, já se haviam impregnado de seu alento inspirador. Conforme dissemos anteriormente, a grande ideia que anima esses sábios sutis e intrépidos buscadores é o total paralelismo e a profunda harmonia existente entre o microcosmo e o macrocosmo, entre o homem e o universo. O homem era, assim, a imagem do inteiro universo.
Encontramos essa verdade em todos os lugares, sob a forma de imagens e símbolos, nas antigas mitologias; os mistérios do antigo Egito já testemunham desse caminho a seus adeptos, e o cristianismo interior também contém abundantes elementos que incitam a busca. Mas o profundo trabalho dos filósofos do século XVI contribuiu, pela primeira vez, de forma indiscutível e frutífera, para a única Sabedoria. Suas obras continuaram nos séculos XVII, XVIII e XIX. Além da caridade do cristianismo, elas trouxeram a fraternidade, a unidade de toda religião verdadeira: a doutrina interior oculta que emana de uma única fonte comum e aspira ao mesmo objetivo.

Assim se abriram amplamente os braços de Cristo, envolvendo todos os profetas e iniciados! Porque o princípio cristão do sacrifício conduz ao verdadeiro conhecimento, mediante o Amor que desconhece fronteiras.

O Espírito Santo

Os apóstolos e os evangelistas, tomando diferentes direções, percorreram todo o mundo conhecido proclamando por toda parte a "boa nova". As antigas tradições mostram:

> João, na Ásia Menor, as "Sete Igrejas da Ásia".
>
> Tomé, entre os partos, do mar Cáspio até o Indo e o Eufrates.
>
> André, entre os citas, ao nordeste da Europa e noroeste da Ásia.
>
> Bartolomeu, na Índia, mais tarde seguidor de Tomé.
>
> Marcos, fundador da Igreja de Alexandria.

"Cooperando com eles o Senhor, e confirmando a palavra por meio dos sinais que se seguiam." (Mc 16:20)

Por toda parte, graças a suas palavras, os homens "se convertiam das trevas à luz" (At 26:18), despojando-se do velho homem e de suas obras a fim de revestir-se do "novo homem que se refaz para o pleno conhecimento, segundo a imagem daquele que o criou" (Cl 3:10).

Uma após outra, as cidades viam nascer congregações como o mundo jamais havia visto, e o Céu inclinava-se para vê-las.

Caiu o muro de separação que há mais de dois mil anos impedia a união de judeus e gentios... É possível ver tanto um como outro entrar pela mesma porta, dar o beijo de paz fraterno... sentar-se à mesma mesa... partirem o mesmo pão e servirem-se de um mesmo prato... Podemos ver reunidos, formando um só coração e uma só alma, o chefe da sinagoga e o tesoureiro grego da cidade e fiéis de toda classe social e país (At 18:8; Rm 16:21–23).

A mulher, elevada, recebe a honra que lhe é devida... (Rm 16:1–2). A presença das mulheres é algo digno de menção, pois naquela época elas não comiam na mesma mesa que os homens. E ainda hoje é assim entre os orientais...

O escravo encontra um refúgio e se converte em irmão no Senhor (Rm 16:5–10). Os escravos representavam, mais ou menos, a metade da população. Todos, a uma só voz, invocavam em nome do Senhor invisível, porém presente, a bênção do Pai Celeste em favor de uma causa que lhes era tão profundamente cara...!

Visto que o grego e o latim não eram compreendidos por todos nem em todo lugar, havia intérpretes habilitados que liam os livros sagrados. Exortações e explicações de grande simplicidade seguiam-se as essas leituras. As preces jorravam do coração e refletiam a necessidade do momento. Na Igreja primitiva não havia formulário para as orações. "Nós oramos, diz Tertuliano, com os olhos voltados para o céu, com as mãos estendidas, porque elas são puras, com a cabeça descoberta, porque nada temos de que nos envergonhar, sem um ministro que nos ensine fórmulas de preces, porque é nosso coração que ora!" (*Apologia*, XXX).

O exercício do ministério não era apenas outorgado ao leitor ou ao intérprete, ou mesmo aos presbíteros, pregadores habilitados da comunidade. Quando, no dia de Pentecostes, o Espírito Santo desceu sobre os discípulos, tanto de um sexo como do outro, e eles começaram a falar em diversas línguas, Pedro declarou aos judeus que eles assistiam a realização da profecia de Joel relativa à efusão do Espírito sobre toda carne. Esses dons espirituais, assim preditos e outorgados, continuaram manifestando-se livremente durante um período bastante longo (Jl 2:28–29, At 1:14 e At 2:1–18).

Lemos, na Primeira Epístola aos Coríntios, que quando as congregações se reuniam, um tinha um cântico, outro, uma instrução; outros, uma língua, uma revelação ou interpretação. As mulheres não eram excluídas... O apóstolo reconhecia-lhes o direito de profetizar ou de orar na assembleia. No capítulo 16 da Epístola aos Romanos podemos ler sobre toda a parte de trabalho confiado às mulheres naqueles dias de vigor e simplicidade da Igreja primitiva. Entre os fiéis que o apóstolo pede para saudar, a terça parte é composta de mulheres: Priscila, Maria, Júnias, Trifena e Trifosa, Pérside, a mãe de Rufo, Júlia e a irmã de Nereu.

"Recomendo-vos a nossa irmã Febe, que está servindo à igreja de Cencreia, para que a recebais no Senhor como convém aos santos... Saudai Priscila e Áquila, meus cooperadores em Cristo Jesus, os quais pela minha vida arriscaram a sua própria cabeça; e isto lhes agradeço, não somente eu, mas também todas as igrejas dos gentios; saudai igualmente a igreja que se reúne na casa deles. Saudai a meu querido Epêneto, primícias da Ásia para Cristo... Saudai-vos uns aos outros com ósculo santo" (Rm 16:1–5 e 16).

"E acontecerá, depois, que derramarei o meu Espírito sobre toda a carne; vossos filhos e vossas filhas profetizarão, vossos velhos sonharão, e vossos jovens terão visões; até sobre os servos e sobre as servas derramarei o meu Espírito naqueles dias" (Jl 2:28–29; At 2:16–18). Palavras magníficas, mas tão efêmeras...! Já o mal – "sua origem e por que existe o mal" – punha muitos cérebros a trabalhar e gerava inumeráveis discussões vãs... "Os filósofos", disse Tertuliano, "enredam-se nas mesmas perguntas: De onde vem o mal e por que ele existe? De onde vem o homem e como? Qual é a origem de Deus?"

Surgiram, assim, duas categorias de cristãos: uns admitiam, sem nenhuma discussão, os princípios e os dogmas já impostos; os outros gostavam de discutir sobre os pontos considerados "indiscutíveis" pelos da primeira categoria, mais tarde chamada dos Pais da Igreja. Os primeiros tornaram-se em "defensores da fé... cega"; os outros foram chamados de "hereges". Assim nasceu, infelizmente, a palavra "heresia"; os grandes filósofos da humanidade foram batizados "hereges". Os próprios gnósticos, cristãos purificados, messianistas ardentes e convictos, tornaram-se "hereges".

O mal e a causa do mal, bem... era "a mulher"! A origem do mal era a sedução sexual; em outras palavras, "o sacrifício diário da natureza", esse ato tão cuidadosamente preparado e estruturado por Deus...

Sim, Deus difundiu seu Espírito sobre toda carne... Os gnósticos tornaram-se hereges ignorantes, os doutores da Igreja foram os defensores... do maior erro da Igreja. O próprio Tertuliano fulminava contra a mulher... o mal! Até o grande Orígenes Adamâncio, para proteger-se do mal da mulher, chegou mesmo a mutilar-se... eunuco. Agostinho só encontrou desculpas para suas "paixões violentas" tomando por alvo a mulher... E a mulher tornou-se a "grande causa do mal", colocada no índex pelos católicos e sacrificada mais tarde no seio de Satanás. A tal ponto que, no século VI, no Concílio de Mâcon, debatia-se seriamente sobre a questão de saber se a mulher deveria ser considerada um ser humano e se ela possuía uma alma... Que opiniões tristes e desconcertantes, que ignorância completa das prescrições e dos ensinamentos de Jesus Cristo!

Felizmente, naquela mesma época, a Gnosis estava bastante ativa, concedendo à mulher o lugar que ela merecia na sociedade, o lugar que Deus reservara para ela no Sagrado Sacerdócio. Desde a época dos essênios, dos dositeanos, do cristianismo apostólico, naturalmente, do montanismo, de onde se originou o catarismo pirenaico, a Gnosis tem preservado os direitos da mulher e reconhecido "aquilo que Deus lhe prometeu": "Naqueles dias, enviarei meu Espírito sobre meus servos e servas... e eles profetizarão!" Servos e servas de Deus! Afirmação formal. E o montanismo aplicou à risca essas palavras. Montano nasceu na Frígia. Suas doutrinas puras expandiram-se tanto no Ocidente como no Oriente e granjearam numerosos adeptos, entre os quais encontramos um dos mais eminentes doutores da Igreja cristã, Tertuliano de Cartago. Os montanistas, cátaros, gnósticos de puros fundamentos, tinham sobre a constituição da Igreja e sobre a atuação do Espírito Santo ideias muito mais sadias e simples que a maioria dos cristãos da época.

> Eles afirmavam o sacerdócio universal dos fiéis.
> Por conseguinte, não limitavam os dons do Espírito
> nem a uma casta nem a um sexo.
> Não queriam admitir que o dom da profecia fosse
> tornado inútil pelas luzes da ciência ou da inteligência.
> Opunham-se à ideia de que apenas os bispos seriam
> os sucessores dos apóstolos.

> Afirmavam que somente era sucessor dos apóstolos e
> herdeiro de seu poder espiritual quem tivesse recebido
> do próprio Espírito Santo o dom da profecia.
> Rejeitavam o erro que consiste em crer, ou fazer
> crer, que os leigos apenas poderiam possuir uma
> pureza e santificação de vida muito inferior e
> diferente da do clero.

Embora vissem claramente para onde a crescente mundanidade da Igreja a levaria, os montanistas, puros gnósticos, não se separaram dela. Somente abandonaram a Igreja quando foram expulsos pelo bispo de Roma. Essa situação agravou-se à medida que os dogmas da sucessão apostólica e da unidade exterior da Igreja se apoderaram cada vez mais do espírito do clero. A Igreja de Roma devia ser a maior, a mais antiga… (Irineu). Sem dúvida, o apóstolo Paulo havia dito: "Se alguém desobedecer, notai-o, e não tenhais nenhuma comunicação com ele, para que fique envergonhado". Mas para compensar essa falta de caridade, essa intransigente ameaça, ele acrescentou: "Mas não o considereis, todavia, como um inimigo, mas procurai corrigi-lo como irmão…" Irineu esqueceu-se desta última parte: esse foi um grave erro contra os gnósticos e a Gnosis em geral. Um erro irreparável contra o Espírito imortal!
Não precisamos aprofundar-nos aqui nos ataques sofridos pelos gnósticos, os assim chamados "hereges". O próprio Tertuliano, dominado pelo temor ao mal e pela tentação de Satanás quanto ao sexo, escreve contra eles, após haver observado longamente seus métodos, deixando transparecer suas angústias: "E suas mulheres, o que não se permitem? Elas ousam ensinar, debater, prometer curas, e talvez até mesmo batizar…"
Não insistamos! Vejamos, contudo, o que disse Tertuliano antes de tornar-se um seguidor de Satanás e de Roma: "A Igreja, é verdade, poderá perdoar os pecados… Mas é a Igreja Espiritual! Isso acontecerá por meio de um homem espiritual! Não se trata, portanto, da Igreja como instituição constituída de certo número de bispos. Com efeito, esse direito cabe ao Mestre, não ao servidor; a Deus, e não a um sacerdote. Após Cristo, somente o Paracleto pode ser chamado de Mestre e reverenciado como tal!" (*Sobre a modéstia*, XXI, *O véu das virgens*, I).

O Templo do Espírito da antiga Fraternidade Universal, a Tríplice Aliança da Luz, jamais ensinou outra coisa. A Gnosis, digna servidora de Cristo, não pode morrer!
O Espírito sopra quando e onde quer!

O patriarca Antonin Gadal

Epílogo

Sendas gloriosas

Pai!... Pai!!... Pai!!!...
Pai, que estás nos céus,
Santificado seja o teu nome ...
Venha a nós o teu reino!
(Adveniam regnum tuum!)
O pão nosso de cada dia dá-nos hoje...
(Panem super consubstantialem!)
Perdoa nossas ofensas, assim como
nós perdoamos a quem nos tenha ofendido...
e não nos deixes cair em tentação!

Amém.

Neste mundo terrestre, tudo tem um fim. Sejamos sábios e digamos uns aos outros: "Até a próxima vez, para um novo começo!" Sentimo-nos, antes de tudo, chamados a expressar nosso reconhecimento aos nossos guias espirituais, que sempre nos ofereceram abundantemente sua doutrina e seus conselhos com a finalidade de orientar-nos de forma segura no árduo caminho do Santo Graal, o caminho da perfeição em Cristo. Que alegria poder seguir mais uma vez essas antigas sendas espirituais que a Gnosis iluminou com seus raios divinos há mais de 1600 anos. O antigo e maravilhoso Império de Amor estendia-se da Espanha, sobre os Pirineus, até Ussat-Ornolac, até Goslar, na Alemanha. Ele prosseguia pela então chamada Gália, e continuava até a Inglaterra, Suíça, Bélgica, Alemanha e os Países Baixos. Holanda... terra abençoada, refúgio para os proscritos, os *faidits* – os banidos, os excluídos de suas terras, privados de suas posses – os infelizes que, em sua liberdade de pensamento, foram subjugados com mão de ferro! Permito-me transmitir a esta terra bem-amada "a bênção de Deus, acompanhada das Belas Consolações de Belém". Esse antigo caminho de nossos ancestrais gnósticos está regado com seu sangue. No ano 447, o Papa Leão I decretou a pena de morte aos heréticos; nós éramos "heréticos", nós, os puros portadores da Gnosis plena de glória...

Em 1008, as fogueiras acenderam-se em Toulouse e Orléans.
Em 1052, Henrique, o Negro, mandou enforcar os *bonshommes* em Goslar.
Em 1115, Tanchelm e seus discípulos foram executados na Antuérpia.
Em 1118, Basílio, grão-mestre dos bogomilos, conheceu a fogueira.

Dou-lhes apenas um breve resumo, para finalmente chegarmos às cruzadas contra os albigenses que, durante cento e vinte e cinco anos, fizeram do Império de Amor uma terra calcinada:

> Imenso holocausto em Goslar,
> Imenso columbário em Montségur,
> Imensa necrópole da Catedral.

São as três pirâmides que devem indicar o caminho aos peregrinos do Amor, os *roumious,* como eram chamados. E, certamente, não deixarei no esquecimento o importante foco de Calw, de onde o sábio grão-mestre Cristão Rosa-Cruz indica o caminho seguro a todos os peregrinos espalhados no mundo inteiro!

Caminhos regados de sangue, dissemos; de fato, porém o fim é o começo... É desejo da Gnosis que essas sendas se tornem sendas gloriosas. E concluo, em nome do Sabarthez: "Deus ma deu, e Deus ma tirou, sob uma pressão terrível e implacável". Hoje, acrescento com alegria: "Deus ma tirou, mas... Deus ma devolveu! Bendito seja seu Santo Nome!".
O Alfa e o Ômega, o começo e o fim!
Gnosis plena de glória!
Avancem no caminho da Perfeição até o Bom Fim!

> *Deus os abençoe, irmãos!*
> *Deus as abençoe, irmãs!*
> *Deus abençoe a todos vocês!*
> *Possa ele fazer de vocês bons cristãos*
> *e conduzi-los a um bom fim!*
>
> *Amém.*

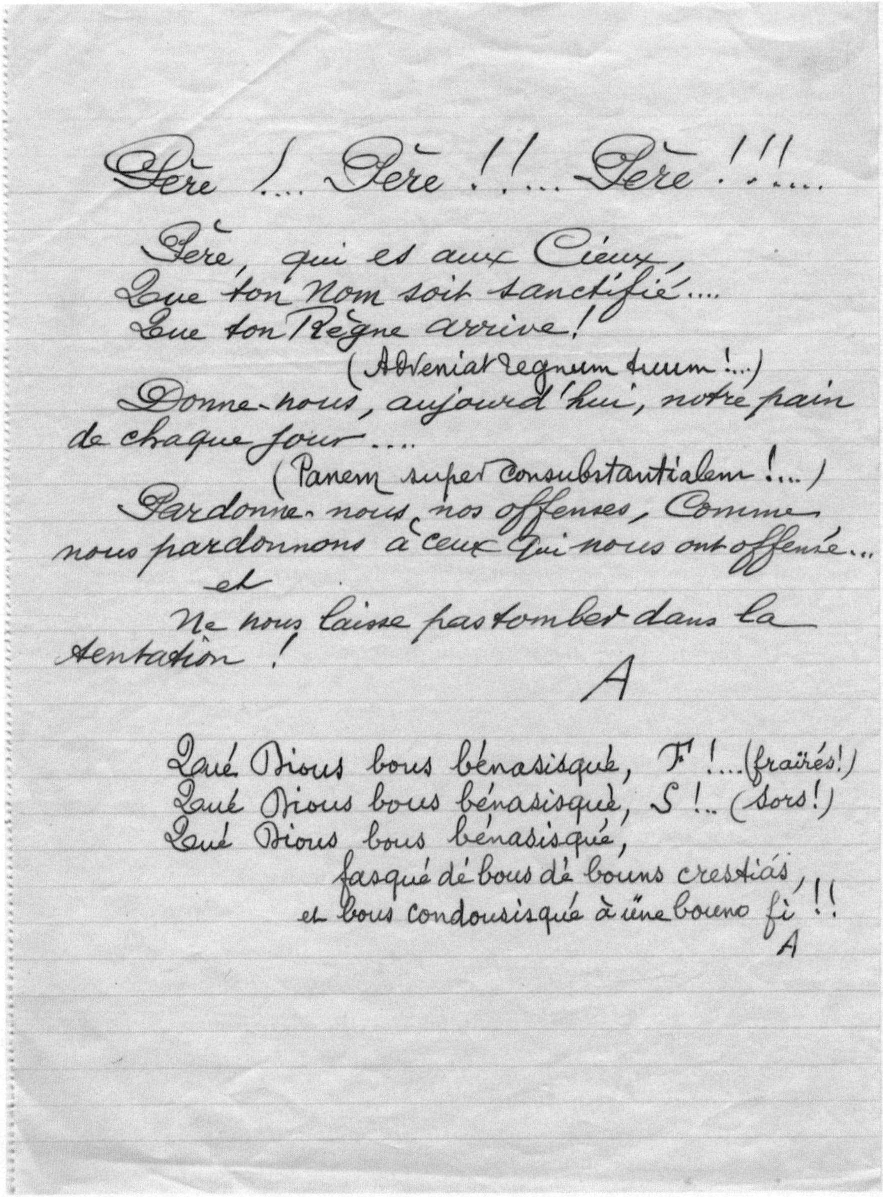

Père !... Père !!... Père !!!...

Père, qui es aux Cieux,
Que ton Nom soit sanctifié....
Que ton Règne arrive!
(Adveniat regnum tuum!...)
Donne-nous, aujourd'hui, notre pain
de chaque jour....
(Panem super consubstantialem!...)
Pardonne-nous nos offenses, Comme
nous pardonnons à ceux qui nous ont offensé...
et
Ne nous laisse pas tomber dans la
tentation!
A

Qué Dious bous bénasisqué, F!...(fraïrés!)
Qué Dious bous bénasisqué, S!.. (Sors!)
Qué Dious bous bénasisqué,
fasqué dé bous dé bouns crestiás,
et bous condousisqué à üne boueno fì!!
A

"O Pai-nosso" e uma bênção em occitano, manuscritos por Antonin Gadal

Pimander, Texts and Studies published by the Bibliotheca Philosophica Hermetica
Pimandros, textos e estudos publicados pela Bibliotheca Philosophica Hermetica

1 *Christ, Plato, Hermes Trismegistus. The Dawn of Priinting.* Cristo, Platão, Hermes Trismegisto. O alvorecer da imprensa. Catálogo dos incunábulos da B.P.H. , tomo I. Compilado por M. Lane Ford (1990)

2 *Corpus Hermeticum.* Corpus Hermeticum. Prefaciado, traduzido ao holandês e comentado por R. van den Broek e G. Quispel. (1ª edição 1990)

3 Johannes Amos Comenius. *Via Lucis.* O caminho da Luz, traduzido ao holandês por J.M. Schadd e R.M. Bouthoorn. (1992)

4 *From Poimandres to Jacob Böhme: Gnosis, Hermetism and the ChristianTradition.* De Pimandro a J. Böhme: Gnosis, hermetismo e a tradição cristã, editado por R. van den Broek e C. van Heertum. (2000)

5 C. Gilly. *Adan Haslmayr, der erste Verkünder der Manifeste der Rosenkreuzer.* Adam Haslmayr, o primeiro divulgador dos manifestos rosa-cruzes. (1994)

6 *Asclepius. De volkomen openbaring van Hermes Trismegistus.* Asclépio. A revelação completa de Hermes Trismegisto. Prefaciado, traduzido e comentado por G. Quispel. (1996)

7 *Rosenkreuz als europäisches Phänomen im 17. Jahrhundert.* A Rosa-Cruz como fenômeno europeu no século XIX. Editado por C. Gilly e F. Niewöhner. (2001)

8 G. Quispel. *Valentinus de gnosticus em zijn Evangelie der Waarheid.* Valentim, o gnóstico, e seu Evangelho da Verdade. Editado por C. van Heertum. (2003)

9 Antonin Gadal. *De Triomf van de Universele Gnosis.* O triunfo da Gnosis universal. Editado por M. Duivenvoorden-Ritman. (2004)

10 G. Quispel. *Het Evangelie van Thomas uit het Koptisch vertaald em toegelicht.* O Evangelho de Tomé, traduzido do copta e comentado. Editado por C. van Heertum. (2004)

11 *De Keulse Mani-Codex.* O Códice Maniqueu de Colônia. Traduzido e comentado por Johannes van Oort e Gilles Quispel. (2005)

12 Antonin Gadal. *Le Triomphe de la Gnose universelle.* O triunfo da Gnosis universal. Editado por M. Duivenvoorden-Ritman. (2006)

13 Antonin Gadal. *Der Triumph der Universellen Gnosis.* O triunfo da Gnosis universal. Editado por M. Duivenvoorden-Ritman. (2006)

14 Antonin Gadal. *El Triunfo de la Gnosis Universal.* O triunfo da Gnosis universal. Editado por M. Duivenvoorden-Ritman. (2006)

15 *Hermes Trismegistus. Inleiding, teksten, commentaren.* Hermes Trismegisto. Prefaciado, traduzido e comentado por R. van den Broek (2006)

16 *Jacob Böhmes Weg in die Welt. Zur Geschichte der Handschriftensammlung, Übersetzungen und Editionen von Abraham Willemszoon van Beyerland.* O caminho de Jacob Böhme para o mundo. Sobre a história da coleção de manuscritos, traduções e edições de Abraham Willemszoon van Beyerland. Redigido por Th. Harmsen (2007)

17 Th. Harmsen. *Der magische Schriftsteller Gustav Meyrink, seine Freunde und sein Werk, beleuchtet anhand eines Rundgangs durch die Meyrink-Sammlung der Bibliotheca Philosophica Hermetica, Amsterdam, unter Verwendung weiterer Sammlungen.* O autor mágico Gustav Meyrink, seus amigos e sua obra, elucidados com base em uma excursão pela Coleção Meyrink da Bibliotheca Philosophica Hermetica, Amsterdã, com emprego de outras coleções (2009)

18 *Gnosis in de Oudheid. Nag Hammadi in context.* Gnosis na Antiguidade. Nag Hammadi em contexto. Prefaciado, traduzido e comentado por R. van den Broek (2010)